Die Inobhutnahme

Andrea Fellmann

Bibliografische Information der Deutschen Bibliothek
Die Deutsche Bibliothek verzeichnet diese Publikation in der Deutschen Nationalbibliografie; detaillierte bibliografische Daten sind im Internet über http://dnb.dnb.de abrufbar.

© 2023 Andrea Fellmann
Umschlaggestaltung: Marina Rudolph
Umschlagfoto: Made by Photo Lab
Lektorat, Korrektorat: Renate Jung
Buchsatz und Layout: Verena Blumenfeld
Publishing: Sanvema

Verlag & Druck:
tredition GmbH, An der Strusbek 10, 22926 Ahrensburg, Germany

ISBN (Paperback): 978-3-384-08167-4

Andrea Fellmann

Die Inobhutnahme

Mama, warum hat man mir das angetan?

Inhalt

Vorwort

Eine Inobhutnahme ist ein radikaler Eingriff in das harmonische Zusammenleben von Familien. Daher gilt es jederzeit, im Voraus genau zu überprüfen, ob eine Inobhutnahme den rechtlichen Bestimmungen entspricht und im gegebenen Fall überhaupt notwendig ist. Häufig existieren andere Wege, die sich besser auf die Gesundheit eines Kindes auswirken. In der Praxis wird der Begriff des Kinderschutzes jedoch durch Institutionen oft in einem zu hohen Maß ausgedehnt und rechtliche Grenzen werden überschritten – ohne dass die Mitarbeiter/-innen dieser Institutionen rechtliche Konsequenzen befürchten müssten, obwohl rechtliche Standards festgelegt sind, die befolgt werden müssen.

In § 23 zur Hilfe zur Erziehung auf gerichtliche Anordnung oder bei Gefahr im Verzug heißt es, dass die Landesregierung bei Gericht die erforderlichen Maßnahmen, wie die Entziehung der Obsorge oder von Teilen der Obsorge, zu beantragen hat, sofern die Eltern oder sonst mit Pflege und Erziehung betrauten Personen einer notwendigen Hilfe zur Erziehung nicht zustimmen. Liegt eine Gefahr im Verzug vor, dann muss das Landesgericht die Maßnahmen sofort bewilligen. Dies bedeutet jedoch auch: Wenn etwas als Gefahr im Verzug eingeordnet wird, dann kann ein Kind ohne rechtliche Überprüfung einfach irgendwohin gebracht werden, willkürlich.

Im Jahr 2023 wurde in Österreich unser Kind Sandro in Obhut genommen. Es war der Endpunkt und gleichzeitig der Anfang einer grenzenlosen Eskalation gewesen, die unser Familienleben belasten sollte. Wie eine uns aufgezwungene Krankheit, psychisch, physisch und emotional. Plötzlich wurden wir getrennt, obwohl ich meinem Sohn nie etwas Schlechtes angetan hatte. In Österreich, aber auch in Deutschland, kommt dies sehr oft vor und wird »Inobhutnahme« genannt.

Ich bin 51 Jahre alt, Sternzeichen Krebs. Den Vater meines Kindes hatte ich im Jahr 2001 bei einem Fest kennengelernt, 2002 hatten wir uns entschieden, ein gemeinsames Leben aufzubauen und in eine gemeinsame Wohnung zu ziehen. Seine Eltern hatten sich getrennt, seine Mutter war Trinkerin und sein Vater war Hausmeister. Mein Freund wurde selbst zum Trinker, gab dieses Laster jedoch bald wieder auf.

Ich bin ein Einzelkind, habe keine Geschwister, meine Eltern sind typische »Arbeiterkinder«. Meine Mutter wuchs bei ihrer Mutter mit drei anderen Geschwistern auf. Als ich meinen Freund kennenlernte, gefiel er mir direkt auf Anhieb. Er war ein Gentleman und trug eine Uniform, da er bei der Feuerwehr arbeitete. Wir wuchsen ländlich auf, arbeiteten, ich absolvierte eine Ausbildung zur Schusterin.

Als wir zusammengezogen waren, wechselte er vorübergehend zu einer anderen Tischlerei und ich arbeitete in einer bekannten Schuhfabrik. Nach Schließung der Schuhfabrik arbeitete ich bei verschiedenen Arbeitgeber/-innen, unter anderem auch in einem Privathaushalt als Haushaltshilfe. Dort unterstützte ich eine ältere, liebe Frau. Als die ältere Frau in das Pflegeheim gekommen ist, arbeitete ich in Saison als Stubenmädchen und in der Küche. Im Anschluss arbeitete ich beim Roten Kreuz im Gesundheitsdienst und schließlich als Sanitäterin.

Ich bin immer noch glücklich, mit meinem Partner zusammen zu sein. Wir bekamen im Laufe der Zeit den Wunsch, ein Kind zur Welt zu bringen. Mein Frauenarzt hatte stetig zu mir gesagt, ich könne keine Kinder zur Welt bringen. Im Jahr 2009 wurde ich dann schwanger und wir freuten uns – 2010 kam unser Sohn auf die Welt.

Während der Schwangerschaft war mir häufig übel gewesen und ich hatte mich übergeben müssen. In jener Zeit nahm ich 14 Kilo ab. Die Geburt, der Kaiserschnitt, verlief dann gut und ich trainierte bereits früh, mich wieder zu bewegen – und ich begann im Krankenhaus mit den Babyfläschchen. Wir hatten im Voraus schon alles organisiert – Kinderstrampler, Möbel, Windeln – das Glück war perfekt. Dann wurde mein Partner jedoch wieder Trinker und gab seinen Job auf. Dies bildete einen der ersten, maßgeblichen Zeitpunkte, die dazu führten, dass sich unser Leben negativ entwickelte. Für sein Kind war er nicht ausreichend da gewesen. Aber ich war noch jederzeit zur Stelle und konnte mich sehr gut um alles kümmern, vollbrachte Wunder. Dennoch erkrankte ich während dieser Zeit und erhielt die Diagnose: Multiple Sklerose. Daraufhin erkrankte ich zusätzlich an der Herbst-Winter-Depression.

Die Erkrankungen belasteten meinen damals 2-jährigen Sohn Sandro und meinen Partner. Die Motorik konnte ich mithilfe einer Physiotherapie und mithilfe meines Sohnes, meiner Familie, wieder rehabilitieren, sodass ich nun wieder meinen Alltag leben und mit dem Auto fahren kann.

Obwohl meine Beziehung alles überwunden hatte, verkehrte sich irgendwann alles ins Schlechte. Im Jahr 2013 ging ich auf Anraten meiner Mutter zur Gemeinde, wo einmal die Woche eine Sozialarbeiterin da war, da mein Sohn Sandro nicht richtig redete. Was er sagte, klang wie eine Mischung aus Deutsch, Englisch und Italienisch. Zuerst sollte ich zum Kinderarzt gehen, um eine mögliche Entwicklungsstörung abzuklären. Der Hausarzt schickte uns zu einer Kinderpsychologin, die dann einen Entwicklungsbericht verfasste. Dies war der Zeitpunkt, an dem ich bemerkte, dass mein Kind in eine Schublade gepresst werden soll, in die es nicht hineinpasst. Plötzlich waren wir regelrecht umzingelt von verschiedenen Personen, die alle zu wissen glaubten, was das Beste für Sandro sei und was angeblich an ihm falsch lief – obwohl eine positive Attitüde und Lob insbesondere für Kinder von wichtiger Bedeutung sind und dies Pädagogen und Psychologen wissen müssten.

Eine Sozialarbeiterin des Jugendamts in der Gemeinde kümmerte sich um unser Anliegen und wir beschlossen, Sandro in den Kindergarten zu bringen. Im Kindergarten erhielt er Unterstützung und wir fanden gemeinsam mit der Kitaleitung eine Logopädin. Weiterhin fanden wir eine Ergotherapeutin, aufgrund seiner Motorik. Die Sozialarbeiterin vom Jugendamt rief uns dann jedoch ständig an und ich bereute es, dass ich überhaupt jemals um Unterstützung gebeten hatte. Wir fanden uns in einem Pulk von allen möglichen Menschen wieder, die sich in unser Leben einmischten. Auch die Psychologin meinte, Sandro schaffe es nicht, obwohl er sich immer weiterentwickelte. Es wurde sogar geäußert, er könne nicht richtig zeichnen, obwohl er stetig schöne Regenbogen-Bilder malte, mit Sonne, einem Haus und fröhlichen Menschen. Wir kriegten Auflagen, die uns die Haare zu Berge stehenließen. Doch wir wurden die Sozialarbeiterin vom Jugendamt wieder los.

Im Alter von 4 Jahren machte mich meine Mutter dann darauf aufmerksam, dass mit Sandro etwas nicht stimme. Sie wies auf seine Nase hin und wir bemerkten, dass er an Polypen erkrankt war. Aber was sollten wir nun machen? Selbstverständlich gingen wir zum Arzt und Sandro wurde – nach stundenlangen Wartezeiten und mehreren Untersuchungen – nach Wochen ins Krankenhaus überwiesen. Dort riet der zuständige Arzt eine Operation der Nase und des Ohrs an, in die ich einwilligte, denn dem Arzt vertraut man – natürlich willigt man ein. Meine Mutter und mein Partner waren geschockt. Trotzdem standen wir zusammen und uns war klar: Wir begleiten unser Kind. Da zu der Zeit Sandros Milchzähne noch existierten, aber schon die neuen Zähne wuchsen, wurde des Weiteren beschlossen, im Zuge der OP auch die letzten Milchzähne zu ziehen, damit die anderen Zähne besser wachsen können. Sandro war mittlerweile bereits 5 Jahre alt. Dann kam der OP-Termin. Ich begleitete Sandro noch bis zur OP-Tür und musste dann vor dem Saal der Operation warten. Dies war der erste Moment, an dem ich zum ersten Mal begann, heftige Tränen zu vergießen. Ich dachte nur: »Hoffentlich sehe ich ihn wieder.« Die Zeit vor dem Raum der OP kam mir wie eine Ewigkeit vor und ich war sehr besorgt. Kein Mensch kam, um mir eine Rückmeldung zum Befinden meines Sohnes zu geben. Dann kam endlich eine Ärztin, die zu mir sagte: »Frau Fellmann, wir haben nicht gewusst, ob wir Ihren Sohn operieren können.« Sie erklärte mir, dass Sandro eine Gaumenspalte habe, sie aber mit dem Chefarzt geredet habe, der beschlossen habe: »Wir operieren das Kind.«

Sandro bekam also wieder, wie bei jeder Untersuchung, eine Vollnarkose. Sie entfernten im Jahr 2015, als Sandro 5 Jahre alt war, die bösartigen Polypen in der

Nase, im linken Ohr, indem sie sein Trommelfell öffneten und in den Knochen ein Loch bohrten. Bei dem rechten Ohr war die Prozedur nicht ganz so schlimm gewesen. Dann zogen sie ihm die Zähne. Als ich mein Kind nach der OP in seinem Zimmer besuchte, erschrak ich fürchterlich, denn Sandro sah aus, als sei er von einem Berg abgestürzt – voller Blut und Wunden, gerettet vor einem schweren Unfall oder aus einem Kriegsgebiet, wo er sich schwere Verletzungen zugezogen hatte. Trotzdem war ich für die Hilfe sehr dankbar. Als Sandro aufwachte, war er aggressiv vor Schmerzen. Das Erste, was er nach dem Aufwachen sagte, war die Frage: »Mama, warum hat man mir das angetan?« Wir erklärten ihm dann, dass wir wollten, dass er so gesund wie möglich weiterlebt.

Als diese Zeit überstanden war, kam er wieder in den Kindergarten, wo er in der Zwischenzeit krank gemeldet gewesen war. Das Förderprogramm wurde weitergeführt und die zuständigen Betreuerinnen waren auch ganz nett. Wir bemerkten aber auch, dass diese Förderprogramme Sandro nur begrenzt nutzten. Sandro wurde dann 6 Jahre alt und verlor langsam, aber sicher, das Interesse an Kuscheltieren. Er wurde ein älteres Kind, das sich für andere Dinge interessierte. Dennoch entschieden wir uns dafür, ihn noch etwas längere Zeit Kind sein zu lassen und ihn erst im Alter von 7 Jahren zur Volksschule zu bringen. Diese Entscheidung bereute ich nie, denn die Volksschule förderte Sandro in einem hohen Maß – im richtigen Moment.

Die Lehrerin der Volksschule integrierte ihn in die Gruppe mit den anderen Kindern und bemühte sich sehr um Sandro. Auch die Direktorin, die anderen pädagogischen Hilfskräfte und Integrationshelferinnen boten Sandro gegenüber große Leistungen und waren immer für uns da. Sie haben einen großen Dank verdient. Mittlerweile spricht Sandro fließend Hochdeutsch und im Dialekt. Englisch und Italienisch fallen ihm leicht.

Ich bemerkte trotzdem, wie ich an mein Limit gelangte, weil ich mich um alles alleine kümmern musste. Also ging ich zum »VitaminR«, eine Anlaufstelle in unserer Region, um Menschen darin zu unterstützen, auf ihren Weg zurückzufinden. In der vierten Klasse der Volksschule sprachen wir dann bei einem Termin mit einer neuen Kinderpsychologin, die uns empfahl, Sandro, der nun 11 Jahre alt war, solle als weiterführende Schule nicht zur Hauptschule, sondern zur Sonderpädagogischen Schule gehen, wo er aufgrund seiner 50-prozentigen Behinderung bessere Unterstützung durch Ergotherapie und Psychotherapie erhalten könnte. Dort würde Sandro zu 100 Prozent warmherzig aufgenommen und behandelt werden wie ein gesundes Kind, sagte die Kinderpsychologin zu uns. In dieser neuen Schule dürfe Sandro er selbst sein und sich in kleinen Gruppen von Kindern, die alle gleichwertig behandelt werden, frei entfalten.

Als Sandro dann doch in die Hauptschule wechselte, brach die Hölle wie eine Lawine über uns zusammen.

Ich beantragte eine Stundenreduzierung, weil es ihm zu viel war. Später musste ich darum kämpfen, dass Sandro zu Ausflügen mitkommen darf. Die Integrationspädagogin schwenkte zu Aussagen wie: »Sie sind der Fehler im System. Ich bin die Integrationslehrerin – nicht Sie. Wenn Sandro seine Hausarbeiten nicht machen will, sagen Sie es mir, dann kriegt er große Strafarbeiten.« Welcher Elternteil verrät sein Kind? Es wurde keine Lösung gefunden – also war ich als Mutter die Schuldige. Der Fall wurde der Direktorin erneut durch die Lehrkräfte geschildert und die Direktorin meldete uns noch vor dem Schulausflug dem Jugendamt. Die Aussage war dann nur noch: »Sandro passt nicht ins Erscheinungsbild.« Als ich diesen Satz hörte, dachte ich nur bei mir: »Soll er nun eine Uniform tragen? Was passt nun genau nicht?« Ich war in der Tat für jede freie Entfaltung meines Kindes dankbar. Wenn ich ihm ein neues, schickes Hemd kaufte und er es aus Spaß falsch herum anzog, dachte ich bei mir: »Egal, was die anderen denken, ich habe mein Kind nicht unterdrückt und es hat kein schlechtes Gewissen, lustig oder verrückt auszusehen.« Aber alles wurde uns negativ ausgelegt. Durch die Schule wurde ich mit Anrufen tyrannisiert und es wurde kritisiert, dass wir zu spät seien, auch wenn wir noch rechtzeitig in der Schule ankamen. Ich erhielt des Weiteren eine Familienhilfe zur Seite, um mir Tipps zu geben, wie ich mit Sandro umgehen könnte, obwohl mein Umgang mit Sandro gar kein Problem darstellte. Es wurde alles immer schlimmer und schlimmer. Schließlich kriegte Sandro Angstzustände, auch weil er durch seine Mitschüler gemobbt wurde. Bis zu den letzten Weihnachtsferien lief es so weiter. Aber auch an Weihnachten wurden wir mit Telefonaten und Terminen belästigt.

In der Volksschule hatte Sandro die Druckschrift schreiben gelernt, die ihm besser gefiel als geschwungene Schreibschrift. Wenn er mit seiner Schrift selbstständig Aufgaben in der Schule erledigte, strich es die Lehrerin durch und ermahnte uns mit einem Satz darunter, dass er seine Aufgaben selbst erledigen solle. Hatte sie nicht selbst gesehen, dass es Sandro selbst geschrieben hatte? Es wurde einfach ignoriert, was er alles mag und kann. Mir aber wurde die Schuld für alles gegeben, auch für Dinge, die nicht existierten. Obwohl er schon in jungen Jahren schreiben konnte, wurde ihm unterstellt, ich würde es für ihn erledigen, weil er es nicht könne. Ich fühlte mich immer mehr wie ein Feind der Gesellschaft, den man bekämpfen muss. Dabei sind wir doch einfach Menschen. Der Gedanke kam auf, dass mich die anderen Menschen verrückt machen wollen. Hat denn nicht jeder Mensch einen friedlichen, positiven Alltag verdient? Ich war mir nie darüber bewusst gewesen, dass ein herkömmlicher Alltag so radikal in Frage gestellt werden könnte. Ein harmonisches, gesundes Miteinander sollte eigentlich das Hauptziel sein, zu sehen, dass es Kindern gut geht – gut geht es Kindern primär bei den Eltern, denen es selbst im besten Fall sehr gut geht und die für ihre Kinder stark sind.

Während der Fastnachtferien wurden Sandro und ich dann angeblich unterwegs beim Einkaufen durch einen Mitschüler gesehen: Sandro mit einem Schnuller! Als ich das hörte, musste ich erst einmal herzhaft lachen, denn Sandro hatte sich an jenem Tag einen Spielzeug-Lutscher umgehängt, der wie ein Schnuller aussieht, und hatte gesagt: »Mama, lass uns mal sehen, was die Leute sagen, wie weit es geht.« Ich hatte noch gesagt: »Sandro, ich hoffe, wir kriegen keine Probleme.« Aber Sandro hatte entgegnet: »Nein, Mama, das wird schon gut gehen.« Aber wir waren tatsächlich beobachtet worden und es entwickelten sich weitere Probleme daraus. Es hieß: »Sandro läuft mit dem Schnuller herum.« Als Sandro dann Geburtstag hatte, verteilte ich Präsente an die Schulkinder: ein kleines Geschenk mit Stift, Block, Stressball und einen dieser Bonbon-Schnuller. Auch das Kind, das Sandro wegen des Schnullers übel nachgeredet hatte, erhielt ein Schnuller-Präsent, hielt es aber nicht für notwendig, etwas richtigzustellen oder sich zu entschuldigen. Aber wie sollte das Kind es auch hinkriegen, in einer Gesellschaft mit massiven Kommunikationsproblemen und fehlender Wertschätzung.

Irgendwann wurde ich gar nicht mehr kontaktiert, nicht einmal mehr der Familienintensivbetreuer – sondern bei jeder Kleinigkeit direkt das Jugendamt. Es eskalierte komplett. Ab der Zeit der Regelschule hatte ich als Mutter nichts mehr zu melden und alles, was ich tat, war falsch. Es war nichts Schlimmes passiert, wir hatten unserem Kind nichts Schlimmes angetan – in unserem Fall ging es nur um Kontrolle und es galt seitdem, dass wir keine Feinde mehr brauchten, wenn wir uns Unterstützung suchen wollten. Aber es ist nicht in Ordnung, Menschen zu schaden und sie zu kontrollieren, weil sie nicht in die Vorstellung einer Dorfgemeinde passen. Mein einziger Fehler ist, dass ich ein krankes Kind habe, dass ich wehrlos bin und um eine kleine Unterstützung gebeten hatte. In Ländern wie Deutschland oder Österreich wird das Kind schon aus der Familie entfernt, wenn die Tapete an der Wand schief ist. Es klingt überspitzt, aber zahlreiche Eltern wissen, wie wahr es ist. Eltern, die ihr Kind zwischen einem Monat und drei Jahren einfach plötzlich aus erfundenen oder geringfügigen Gründen lange Zeit nicht wiedersehen.

Während der zwei Jahre in der Hauptschule gestaltete sich Sandros weitere Entwicklung sehr negativ. Sandro war im Alter von 11 Jahren von der Volksschule zur Hauptschule gewechselt, befand sich jedoch dann in der Hauptschule plötzlich auf dem Entwicklungsstand eines 3-Jährigen – obwohl wir zuvor alle möglichen Therapien besucht hatten, wie Ergotherapie, Yogatherapie und Psychotherapie. Die Hauptschule sorgte regelrecht mit Nachdruck dafür, dass Sandro in seiner Entwicklung mental einige Jahre zurückfiel, insbesondere durch Mobbing, wenn Sandro angeblich wieder alles falsch gemacht oder ihm Betrug vorgeworfen wurde. In der Regel wird ein Kind in der Schule beim Lernen unterstützt und erhält die Chance, einen Fehler, beispielsweise einen Buchstaben, auszubessern – nicht aber im Fall dieser Hauptschule, die Sandro bis zur Verzweiflung mobbte und psychisch tyrannisierte. Es existiert keine Rechtfertigung, wenn Pädagoginnen auf eine solche Weise mit Kindern umgehen und ihre eigenen psychischen Probleme oder Menschenfeindlichkeit auf den Kindern abwälzen. Sandro hörte in der Schule von den Pädagoginnen Sätze wie: »Du stinkst, Sandro!« Ein solches Verhalten würde man von professionell ausgebildeten Pädagoginnen nicht erwarten, aber Sandro musste sich solche Sätze jeden Tag – zwei Jahre lang – anhören, vor allem von der Integrationslehrerin. Gleichzeitig gilt die Schulpflicht in Österreich – genauso wie in anderen Ländern Europas – und Eltern müssen sich akribisch daran halten, wenn sie nicht möchten, dass sie und ihr Kind weitere Probleme bekommen. Ich konnte Sandro also gleichzeitig auch nicht adäquat beschützen. Schließlich muss er sich doch ins gesellschaftliche Bild integrieren. Es war also unmöglich, ihn zu Hause bleiben zu lassen, wenn er sich nicht wohl fühlte. Es war aber sehr schlimm für Sandro, sodass er regelmäßig vor der Schule mit einer Panikattacke zusammenbrach. Es war so, als müsse er jeden Tag in einen Verein von Psychopathen, die nur darauf warteten, ihn zu diskriminieren und zu demütigen. Sandro hatte aufgrund seiner Zusammenbrüche 40 Fehlstunden. Die Ängste führten auch dazu, dass Sandro in der Nacht nicht mehr schlief und in einem hohen Maß schwitzte und zitterte. Wenn Sandro während einer seiner Panikattacken das Bewusstsein verlor und ich ihn deshalb nicht zur Schule, sondern zum Arzt brachte, warf mir auch dies die Schule vor. Die Schule hatte sein Leben und seine Seele regelrecht zerstört.

Aber ich gab trotzdem nicht auf, Sandro jederzeit zu unterstützen. Ich wusste, wie intelligent er war, welche positiven Auswirkungen Motivation, Respekt und Freundlichkeit auf ihn hatten. Sandro hatte jeden Tag große Angst, zur Schule zu gehen, weil er erfahrungsgemäß wusste, wie grauenvoll und menschenunwürdig es für ihn werden würde. Selbstverständlich wollte ich ihm das nicht antun und erlaubte ihm daher öfter, zu Hause zu bleiben, wenn es ihm nicht gut ging.

Ich brachte Sandro die meisten Tage dennoch zur Schule, denn es bestand nun einmal die rechtliche Pflicht, dass ein Kind als vollwertiges Gesellschaftsmitglied die Schule besucht. Er äußerte jedoch täglich besorgt: »Mama, ich habe Angst, wir werden beobachtet.« Es stimmte auch, denn es war Hass gegen uns entstanden, da der Familienintensivbetreuer eher auf unserer Seite war, sich von der Schule nicht gegen uns um den Finger wickeln oder manipulieren ließ.

Sandro fühlte sich tagtäglich extrem unter Druck gesetzt. Einmal sollte er ein Gedicht aufsagen, das er perfekt auswendig konnte, aber er fühlte sich so stark unter Druck gesetzt, dass er beim Vortragen kein einziges Wort herausbrachte, weil er Angst vor den negativen Konsequenzen hatte. Jedes Mal, wenn Sandro nicht zur Schule kam, meldete die Schule dies sofort dem Jugendamt, obwohl ich immer Bescheid gab, wenn Sandro nicht kam und wir zum Arzt gingen. Wie oft hörte ich Elternteile hinter vorgehaltener Hand über diese Schule schimpfen – um Vorfälle der Schulbehörde zu melden, fehlte den Eltern jedoch der Mut. Im Grunde stand ich mit meinem Sohn alleine da, denn die Menschen, die auf unserer Seite waren und uns unterstützten, wurden sogleich mundtot gemacht.

Eines Tages, als Sandro in der Schule und mein Partner auf der Arbeit war, meldete sich spontan eine Sozialarbeiterin des Jugendamtes bei mir und erklärte, sie wolle direkt vorbeikommen, da sie in der Nähe sei. Sie drängte sich auf und kündigte an, dass sie noch jemanden mitbringe. Ich erklärte der Sozialarbeiterin, dass es nicht bei mir passen würde, wenn viele fremde Personen in meine privaten Räume eindringen, und bekräftigte, sie solle alleine kommen. Aber sie bestand darauf, zu zweit zu kommen – also empfing ich die beiden Personen des Jugendamts und einer Organisation. Sie redeten die ganze Zeit auf mich ein, ähnlich einer psychischen Folter. Ich brach innerlich zusammen, während sie redeten und redeten. Sie begutachteten meine Wohnung, in die wir erst kurz zuvor eingezogen waren. Die beiden Mitarbeiterinnen machten mir Vorwürfe, wie schrecklich die Wohnung aussehen würde.

Irgendwann standen die Mitarbeiterinnen erneut vor der Tür, dieses Mal einfach unangemeldet. Ich hatte schon längst meine Telefonnummer gewechselt, aber sie meinten, sie haben mich auf jener Telefonnummer angerufen, um Bescheid zu geben. Sie standen einfach unangemeldet vor der Tür und drängten sich dann unrechtmäßig in meine Wohnung. Meine Mutter wies die beiden Mitarbeiterinnen dann darauf hin, dass es nicht erlaubt ist, in private Räume einzudringen. Damals wusste ich nicht, dass niemand das Recht hat, in unsere privaten Räume einzudringen, ohne dass ich es gestatte. Wir sind keine Verbrecher und unauffällig hinsichtlich der Gesetzeslage. Die Chefin des Hilfswerks erklärte dann meiner Mutter, wie sie ihren Haushalt zu führen habe.

Darüber hinaus sprach mich die Schule an und forderte mich auf, Sandro bei der Körperhygiene zu helfen. Eine Sozialarbeiterin kam zu uns nachhause und redete mit uns darüber. Die Chefin des Hilfswerk erklärte, Sandro in der Körperhygiene zu unterstützen ist verboten, er könne ja schließlich »schon Schamhaare haben«. Bei Sandro präsentierten sie sich in unserem eigenen Zuhause wie die Bezugspersonen, auf die er schon lange gewartet hatte, aber zu mir – seiner Mutter – sagte er nur verunsichert und voller Angst: »Mama, was wollen diese Frauen hier bei uns?« Am 22. Mai 2023 waren die Sozialarbeiterinnen des Jugendamts und vom Hilfswerk zum ersten Mal zu uns nach Hause gekommen. Eine Sozialarbeiterin wollte mit Sandro unter vier Augen sprechen, aber ich ließ dies nicht zu, denn ich wollte nicht, dass Sandro weiterhin verunsichert wird. Ich hatte kein Vertrauen zu dieser Sozialarbeiterin, denn sie wollte ihm nicht sagen, dass sie ihn in ein Heim geben wollte, anstatt in die Sonderpädagogische Schule, wo ein Platz frei war und er täglich nach Hause kommt. Allein ihre Mimik mir gegenüber entwickelte sich zum Hass.

Die Sozialarbeiterin fragte Sandro sogleich, wovor er Angst habe. Er antwortete: »Ich will hier nicht weg. Warum lasst ihr uns nicht in Ruhe?!« Die Sozialarbeiterin beauftragte Sandro damit, ihr einen Brief zu schreiben, es bestehe der Verdacht, ich könnte Sandro manipulieren. Ich schlug vor, dass er diesen in der Nachmittagsbetreuung schreiben könne, damit man mir keine Vorwürfe machen könne, ich habe geholfen. Dies wurde mit der Sozialarbeiterin vereinbart. Noch beim Verlassen unserer Wohnung meinte sie, dass unsere Hunde nur Mittel zum Zweck seien.

Zwischen dieser Vereinbarung und dem grauenvollsten Moment unseres Lebens vergingen vier Tage. Vier Tage, über die ich mich heute noch wundere. Was war in diesen vier Tagen, in dieser Lücke, passiert? Es war nichts passiert – das ist es ja. Nichts war anders gewesen. Niemand hatte uns angesprochen.

Am 26. Mai, hatte ich Sandro noch zur Schule begleitet, ihm Mut gemacht, mich verbschiedet und ihm gesagt, dass ich ihn später abholen werde. Dann ging ich nach Hause und wir setzten uns im Familienkreis zusammen, um die alltäglichen Pflichten und Arbeiten zu besprechen. Plötzlich kamen um 11 Uhr morgens Polizisten mit den Sozialarbeiterinnen zu uns nach Hause und man teilte mir mit: »Sandro ist in ein Kinderzentrum gebracht worden und kommt nicht mehr nach Hause.« Ich brach schreiend in Tränen aus, aber es interessierte niemanden. Ich fragte mich, ob es ihnen wohl gefiel, mich so leiden zu sehen. Es war keinerlei Hilfe in Aussicht. Meine Mutter, Sandros Oma, litt und stand vor dem dritten Herzinfarkt. Mein Partner war im Schock, sprachlos. Die Sozialarbeiterin hatte Sandro einfach ins Kinderzentrum gebracht. Dort führte sie lange Gespräche mit Sandro, die ihn ängstigten und ihn zum Weinen brachten.

Die unangemeldeten Hausbesuche von Polizeibeamten mit dem Jugendamt spielen eine wichtige Rolle bei der Sicherung des Wohlergehens von Kindern und Jugendlichen. Diese Zusammenarbeit zwischen Polizei und Jugendamt ist von großer Bedeutung, um mögliche Gefährdungssituationen zu erkennen und angemessen zu handeln. Wenn Polizeibeamte und Mitarbeiter des Jugendamtes unangemeldet eine Wohnung aufsuchen, geschieht dies in der Regel aufgrund von Hinweisen oder Verdachtsmomenten, die auf eine mögliche Kindeswohlgefährdung hindeuten. Die Sicherheit und das Wohl der Kinder stehen dabei immer im Vordergrund. Die Polizeibeamten und Mitarbeiter des Jugendamtes haben die Aufgabe, die Situation vor Ort zu überprüfen und gegebenenfalls Maßnahmen einzuleiten, um das Kind vor weiterem Schaden zu schützen. Diese unangekündigten Besuche dienen dazu, eine objektive Einschätzung der familiären Situation zu erhalten und sicherzustellen, dass das Kind in einer sicheren und gesunden Umgebung aufwächst. Die Polizeibeamten und Mitarbeiter des Jugendamtes beobachten das Verhalten der Eltern, die Wohnverhältnisse und den allgemeinen Zustand des Kindes. Sie können auch mit dem Kind selbst sprechen, um sein Wohlergehen zu überprüfen. Diese unangekündigten Besuche sind nicht als Angriff oder Misstrauen gegenüber den Eltern zu verstehen. Vielmehr handelt es sich um eine Präventivmaßnahme, die sicherstellen soll, dass das Kind in einer sicheren und liebevollen Umgebung aufwächst. In einigen Fällen können diese Besuche auch dazu dienen, den Eltern Unterstützung und Ressourcen zur Bewältigung ihrer Herausforderungen anzubieten. Die Zusammenarbeit zwischen Polizei und Jugendämtern ist von großer Bedeutung, um das Wohlergehen von Kindern und Jugendlichen zu gewährleisten.

Doch zuerst das Kind in Obhut zu nehmen und dann erst gemeinsam mit dem Jugendamt zu überprüfen, ob eine Gefahrensituation vorliegt, war und ist kein Vorgehen, das nationalem Recht oder EU-Recht entspricht. Mein Hausarzt redete mir daraufhin ein, dass ich überfordert sei und ins Krankenhaus gehen sollte. Er warnte mich davor, man könne mich »zwangseinweisen«. Dann sollte ich einen Vertrag unterschreiben, in dem stand, dass ich mein Kind wiedersehen würde, sobald ich aus dem Krankenhaus entlassen werden würde. Doch im gleichen Atemzug wurde mir gesagt, dass ich mein Kind nie wiedersehen werde, wenn ich nicht unterschreibe. Ich willigte also wieder ein, die Folgen verkennend, wie eine Null, die nur Teil eines kafkaesken Prozesses ist, dessen Ende der sichere Tod sein könnte.

Seelische Misshandlung durch Institutionen und Vertrauenspersonen kommt in scheinbar modern entwickelten Ländern wie Österreich und Deutschland jeden Tag vor und wird häufig nicht ernst genug genommen. Dennoch bewirken auch verbale und psychische sowie emotionale Gewalt tiefe Spuren im Gedächtnis eines Kindes.

In diesem Buch möchte ich anderen Müttern, die ähnliche Erfahrungen in Österreich und Deutschland gemacht haben, zur Seite stehen und Mut machen. Das Buch soll Trost spenden, aufklären und zeigen, dass es trotz aller schwierigen Zeiten immer wieder aufwärts gehen kann. Auch wenn die Entwicklung des Menschen für jeden Menschen eine Herausforderung darstellt, gilt es stetig, diese Herausforderungen gemeinsam zu lösen. Eine Inobhutnahme zu beenden, erfordert gemeinsame Kräfte, sei es durch Anwälte, Eltern, Pädagogen oder andere Betroffene. Der Schmerz ist dabei unendlich und die Wunden werden nur langsam heilen, selbst wenn das Kind, nach unendlich langer Zeit, wieder zu Hause wohnt und Stunden zu Jahren wurden. Dieses Buch ist auch ein Plädoyer dafür, die Zukunft positiver zu gestalten, denn eine Welt in der die Liebe zwischen Kind und Mutter gegen den Hass bedeutungslos geworden ist, ist keine lebenswerte Welt mehr. Aber die Hoffnung, dass das Kind irgendwann wieder frei sein wird, hält eine Mutter am Leben, um für ihr Kind da zu sein, in jedem erdenklichen Moment. Eine Mutter, die jederzeit für ihr Kind da ist, verkörpert bedingungslose Liebe, Hingabe und Fürsorge. Das bedeutet, dass sie immer da ist, um ihr Kind zu unterstützen, zu trösten und zu ermutigen, egal in welcher Situation es sich befindet. Eine solche Mutter ist immer da, sowohl physisch als auch emotional. Sie ist da, um ihr Kind zu umarmen, wenn es traurig ist, und um es zu feiern, wenn es Erfolg hat. Sie hört zu, wenn ihr Kind reden möchte, und steht mit Rat und Tat zur Seite. Sie ist eine verlässliche Stütze, auf die sich das Kind immer verlassen kann. Eine Mutter, die in jeder erdenklichen Situation für ihr Kind da ist, ist auch bereit, Opfer zu bringen. Sie stellt die Bedürfnisse ihres Kindes über ihre eigenen und ist bereit, ihre eigenen Wünsche und Träume zurückzustellen, um ihrem Kind das Beste zu ermöglichen. Sie ist bereit, Zeit, Energie und Ressourcen zu investieren, damit ihr Kind glücklich und gesund aufwächst. Diese Art von Muttersein erfordert Geduld, Ausdauer und Selbstaufopferung. Es bedeutet, dass sie ihrem Kind auch in schwierigen Zeiten zur Seite steht und es unterstützt. Sie ist da, um es zu ermutigen, wenn es vor Herausforderungen steht, und um es aufzufangen, wenn es versagt. Sie ist eine Quelle der Kraft und des Trostes für ihr Kind. Eine Mutter, die in jedem erdenklichen Moment für ihr Kind da ist, prägt das Leben ihres Kindes nachhaltig. Sie schafft ein sicheres und liebevolles Umfeld, in dem das Kind wachsen und sich entfalten kann. Sie gibt ihm das Gefühl, bedingungslos geliebt und geschätzt zu werden. Diese Mutter-Kind-Bindung ist von unschätzbarem Wert und bildet die Grundlage für eine gesunde Entwicklung und ein glückliches Leben. Aber nun fühlt es sich an, als wäre mein Herz herausgerissen worden. Ich möchte mit diesem Buch andere betroffene Mütter finden, die wie ich der Ansicht sind, dass dieses Leid der Inobhutnahmen EU-weit vermieden werden sollte. Dieses Buch soll auch als Anregung für Sozialarbeiter/-innen, pädagogische Fachkräfte und Anwält/-innen dienen, denn nur als Gruppe, Gemeinschaft oder Community können wir Kinderrechte, gemeinsam mit den Kindern, verwirklichen. In einer offenen Gesellschaft finden alle Menschen den notwendigen Zusammenhalt und fühlen sich akzeptiert, so wie sie sind.

Ihre Andrea Fellmann

1. Inobhutnahme

Die Inobhutnahme ist rechtlich gesehen eine freiheitsentziehende Maßnahme, die sich gegen Kinder und Eltern richtet – gleichzeitig besteht jedoch die Pflicht der Zusammenarbeit zwischen der staatlichen Institution und den Eltern. Es wird in der Regel hervorgehoben, dass diese Maßnahme nicht als Bestrafung gedacht ist, sondern als Möglichkeit für die Eltern, ihre Fähigkeiten unter Beweis zu stellen und Unterstützung anzunehmen. Für das Recht gilt, dass sich die Sozialarbeiter und Pädagoginnen nicht strafbar machen, wenn sie die Standards der Gesetze zur Inobhutnahme umsetzen – werden diese Gesetze jedoch nicht genau eingehalten, also liegt kein Tatbestand, sondern ein Missverständnis vor, dann kann sich die Person strafbar machen und muss mit rechtlichen Konsequenzen wie der zivilrechtlichen Haftung rechnen.[1]

In der Praxis sieht dies jedoch ganz anders aus, wenn sich österreichische und deutsche Ämter nicht an die Gesetze halten und sich – ihre Macht mit psychischer Gewalt missbrauchend – in Familien einmischen, als gebe es keine Privatsphäre, die ebenfalls rechtlich geschützt ist. Zudem sind rechtliche Konsequenzen für Mitarbeiterinnen des Jugendamts oder anderer Institutionen häufig schwer durchzusetzen, sodass häufig –

aus Resignation – gar kein Versuch unternommen wird, rechtlich dagegen anzukämpfen. Aber allein vor Gericht richtigzustellen, dass der angeklagte Tatbestand der Kindeswohlgefährdung nicht vorliegt, kann einen großen Erfolg bedeuten und dazu beitragen, dass ein Kind wieder an seine Familie zurückgegeben wird.

Die Belastbarkeit der Eltern ist ein entscheidender Faktor für das Wohl des Kindes. Wenn Eltern in der Lage sind, mit Stresssituationen umzugehen und angemessen zu reagieren, können sie ihrem Kind ein sicheres und stabiles Umfeld bieten. Die Inobhutnahme ermöglicht es den Behörden zu beobachten, wie die Eltern auf schwierige Situationen reagieren und ob sie in der Lage sind, angemessen auf die Bedürfnisse ihres Kindes zu reagieren.

Darüber hinaus soll eine Inobhutnahme den Eltern die Möglichkeit bieten, Ressourcen und Hilfe anzunehmen. Häufig sind Familien in schwierigen Lebenssituationen isoliert oder haben keinen Zugang zu notwendigen Hilfsangeboten. Durch die Inobhutnahme können den Eltern geeignete Unterstützungsmöglichkeiten aufgezeigt werden, um ihre elterlichen Kompetenzen zu stärken und die Situation zu verbessern.

Wichtig ist, dass eine Inobhutnahme immer das letzte Mittel sein sollte. Die Entscheidung zur Inobhutnahme wird von den Ämtern nur dann getroffen, wenn alle anderen Möglichkeiten ausgeschöpft sind und das Wohl des Kindes akut gefährdet ist. Vorrangiges Ziel ist es, die Familie wieder zusammenzuführen und sicherzustellen, dass das Kind in einer sicheren und liebevollen Umgebung aufwachsen kann. Die Inobhutnahme soll den Eltern die Möglichkeit geben, ihre Fähigkeiten unter Beweis zu stellen. Eltern können durch Ressourcen und Hilfe gestärkt werden, damit sie ihre Elternrolle besser ausfüllen können.

1.1 Die erste Zeit der Inobhutnahme

Als ich ins Krankenhaus eingeliefert wurde, wurde ich gar nicht behandelt. Ich hatte vertraglich eingewilligt, ein paar Tage bis nach Pfingsten zu bleiben, Sandro sollte danach wieder nach Hause kommen. Nun lag ich dort, unbehandelt, im Krankenhaus und versuchte, Sandro telefonisch zu erreichen, die Person am Telefon wimmelte mich jedoch erst einmal ab und drohte mir lauthals mit der Polizei. Irgendwann, nach ewiger Zeit absoluter Verzweiflung, erreichte ich Sandro. Mein Anwalt hatte uns dies ermöglicht. Sandro weinte bitterlich am Telefon und fragte: »Warum tut man mir das an? Warum hilft mir keiner? Warum hört mich keiner? Warum darf ich nicht nach Hause?« Ich wollte ihm eine ehrliche Antwort geben, aber eine Mitarbeiterin des Kinderzentrums versuchte, mich zu zwingen, ihm nicht die Wahrheit zu sagen. Ich erklärte ihm dennoch am Telefon, dass unsere Trennung und was ihm angetan wird, nicht von mir oder seiner Familie ausgeht, sondern von den Personen, die ihn ins Kinderzentrum gebracht haben. Sandro schrie bereits zuvor lauthals um seine Mama, aber es wurde einfach ignoriert. Mir versicherten die Behörden, ich werde Sandro regelmäßig sehen dürfen.

Als ich aus dem Krankenhaus entlassen wurde, mit der Feststellung weder verrückt noch psychisch krank zu sein, erhielt ich zudem ein neues Dokument, in dem ich darüber informiert wurde, dass »Gefahr im Verzug« herrsche und Sandro daher nicht nach Hause käme. Nach der Zeit im Krankenhaus, die das Jugendamt für mich veranlasst hatte, um einen Grund für die Inobhutnahme zu konstruieren, und die ich wie eine Strafe abgesessen hatte, ging ich dann sogleich zum Anwalt. Dieser verstand nicht, aus welchem Grund »Gefahr im Verzug« vorliegen sollte. Sandro kam nicht nach Hause. Im Bericht des Kinderzentrums stand, Sandro sei verwahrlost. Dies konnte jedoch durch einen Kinderarzt, der Sandro und mich lange kannte, nicht bestätigt werden. Am Tag der Abnahme war kein Arzt bei meinem Kind anwesend. Man hatte das Gefühl, es dürfe niemand die Wahrheit erkennen, nichts Positives berichten, über Sandros Zustand, den Umgang und die Förderung durch die Mutter. Außerdem ist vorstellbar, wie ein Kind aussieht, das von seiner Mutter entrissen und permanent durch fremde Personen diskriminiert wird, sich nicht wohlfühlt, traurig und verbittert ist, weil es einfach nur nach Hause zu seiner Mama möchte, während gleichzeitig seine Mutter-Kind-Bindung mutwillig zerstört wird. Die Frage war also, wie der Anwalt auf den Bericht und die »Gefahr im Verzug« reagieren würde. Der Anwalt, den ich mir ausgesucht hatte, war zwar anfänglich sehr euphorisch gewesen, er könne mir helfen, diese Euphorie verschwand jedoch nach dem Bericht des Hilfswerks, Jugendamts und Kinderzentrums abrupt. Er erkannte, dass tatsächlich kein Grund vorlag, Sandro in Obhut zu nehmen, wusste aber auch nicht, wie er gegen ein solches riesiges Lügengebäude der Institutionen ankommen könnte.

Ein Stück Leben wurde aus meinem Innersten herausgerissen. Es bleibt fraglich, ob Mitbürgerinnen eines Landes auf eine solch zerstörerische, menschenfeindliche Weise behandelt werden sollten. Was rechtfertigt die Zerstörung einer harmonischen Familie? Welche Gründe liegen vor, das Zusammenleben zu zerstören? Eltern, häufig sogar außergewöhnlich vorbildliche und zudem gebildete Eltern, verstehen zu Recht nicht, aus welchem Grund ihnen ihr Kind weggenommen wurde. Frauen oder Männer, die sich von ihrem Partner getrennt haben oder einfach jede Herausforderung mit ihren Kindern meistern – sie haben sich nichts vorzuwerfen und finden sich plötzlich in einer Endlosschleife der Schadensvergrößerung, weil sie für ein vergleichbar weniger schlimmes Anliegen Unterstützung benötigt hätten.

Im Juni musste Sandro ins Krankenhaus und ich durfte ihn zum ersten Mal in der Zeit der Inobhutnahme besuchen. Diese drei Wochen, ohne Sandro, waren die schlimmsten Tage meines gesamten Lebens gewesen. Nun durften wir uns zumindest nach gefühlten »Jahren« der Trennung in die Arme schließen. Unsere Glückstränen flossen und wir hielten uns einfach nur eine halbe Stunde bis Stunde vollkommen schockiert im Arm. Sandro klammerte sich an mich und er erklärte mir erneut, dass er vor der Sozialarbeiterin des Jugendamts Angst habe.

Dann kam der Oberarzt, als der Familienintensivbetreuer und ich im Zimmer von Sandro waren. Ich durfte Sandro genau an dem Tag besuchen, an dem das Entlassungsgespräch stattfand. Der Arzt wusste, dass die Sozialarbeiterin kritisierte, ich würde Sandro nicht gesund ernähren, aber dafür gab es keine Beweise. Ich musste weinen und fragte den Familienintensivbetreuer, warum sie mir das antun. Er sagte: »Wir wollen Ihnen nur helfen.« Ich erklärte, dass ich auf eine solche Hilfe, die einer Mutter das Herz herausreißt, verzichten könnte. Diese Hilfe war wie ein Bild eines Rettungssanitäters, der nichts zu tun hat, auf der Straße deshalb Passanten niederschlägt und dann sagt: »Ich will dir ja nur helfen.« Wegen des Hasses auf mich, ist mein Kind nun weg. Der Familienintensivbetreuer lief rot an, wusste nicht mehr, was er sagen sollte. Er hatte von der Inobhutnahme nicht einmal etwas gewusst, da er zu dieser Zeit im Urlaub war. Der Oberarzt erklärte, dass mit Sandro alles in Ordnung sei, er habe ein wenig Eisenmangel, aber keine Stoffwechselerkrankung, wie angenommen worden war. Aber die Sozialarbeiterinnen und Betreuer bestanden darauf, dass ich Sandro »schlecht ernähre«, er sei »übergewichtig«. Einem anderen Kind, das dieselbe körperliche Statur wie Sandro hatte, hatten Pädagoginnen einer Kita bescheinigt, das Kind sei »unterernährt«.

1.2 Der falsche Zeitpunkt

Der Zeitpunkt, an dem Sandro nach Hause kommen sollte, war nun schon mehrfach verschoben worden. Stetig wurde erneut auf die »Gefahr im Verzug« verwiesen und alle möglichen, erfundenen Gründe – und seien es nur schmutzige Fingernägel nach dem Spielen im Sandkasten – wurden für eine Rechtfertigung herangezogen. Für die Ämter und Sozialarbeiterinnen war es jederzeit für Sandro der falsche Zeitpunkt – egal, um was es ging. Aber im Kontext der Inobhutnahme hatten die Sozialarbeiterinnen und Betreuer die Grenze der Kinderseele einfach zu weit überschritten. Was in diesem Fall falsch war, war eigentlich die Inobhutnahme. Wie können sich Menschen anmaßen, ein Kind dazu zu zwingen, seine Mutter zu verlassen, zu der allein schon eine physikalische Bindung vorliegt? Aber solche Fragen interessierten nicht. Die Ämter und Institutionen diskutierten bereits darüber, wie sie mir zeitnah die Obsorge um Sandro entziehen könnten. Es ging ein

Schreiben an meinen Anwalt, in dem die Absicht beschrieben wurde, die Obsorge für Sandro, i. e. das Sorgerecht, zu übernehmen.

Ich hatte alles in die Wege geleitet, um Sandro bei seiner Entwicklung und Genesung von seiner Erkrankung zu helfen – nur dieser eine Schritt war zu viel gewesen. Nur welcher Schritt genau zu viel gewesen war, war die Frage. Es war zwar eine Schwierigkeit gewesen, mich größtenteils alleine um Sandro zu kümmern, aber wir meisterten gemeinsam alle Herausforderungen, mit der Familie, organisierten auf Anraten eines Arztes Therapiewelpen zum Knuddeln und Vögel. Sandro war mit diesen Tieren ins Leben zurückgekommen, blühte auf, wurde selbstständig und übernahm für sein Alter viel Verantwortung. Sandros Diagnose ist, dass sein Kleinhirn nicht richtig arbeitet. Er ist nun 13 Jahre alt, ist jedoch auf dem Entwicklungsstand eines 11-Jährigen. Seit der großen OP im Alter von 5 Jahren, als wir bemerkt hatten, dass sich Sandro ein wenig verzögert entwickelt, kümmerten wir uns darum, ihm die bestmögliche Förderung zu bieten und ihn rundum, entsprechend seiner individuellen Bedürfnisse, zu versorgen.

Sandros Erkrankung ist an seiner Aussprache bemerkbar, da er zudem eine Gaumenspalte hat. Aber seine Entwicklung kann sehr gut gefördert werden, wie sich auch in der Volksschule gezeigt hatte. Wenn Sandro gefördert wird, kann er sich sehr viel merken. Ich habe Sandro immer mit Fragen trainiert, indem ich ihn beispielsweise fragte, ob er gerade wisse, wo das Buch sei. Ich ließ Sandro Computerspiele spielen, in denen er etwas kreieren kann. Des Weiteren räumte er selbstständig, gemeinsam mit mir, die Wohnung auf. In der Volksschule wurde erkannt, dass Sandro auch einen 8-Stunden-Tag leisten können wird. Dies würde jedoch bei ihm ein, zwei Jahre länger dauern. Da er zu diesem Zeitpunkt einen solchen 8-Stunden-Tag noch nicht leisten konnte, wurde die tägliche Stundenzahl verringert.

Im österreichischen Kinderzentrum waren alle Kinder zusammen, die in ihren Familien misshandelt oder vergewaltigt wurden oder verwahrlost waren. Sandro war gar nicht der schwerste Fall gewesen, ohnehin unrechtmäßig dorthin verbracht worden, wurde wie ein minderjähriger Schwerverbrecher, ohne Rechte, behandelt. Das Jugendamt wollte mich für verrückt erklären lassen und tat alles, um mich innerhalb eines regelrechten psychologischen Kriegs an meine Grenzen zu bringen, mir ihre Macht zu demonstrieren und gegen den Befund unserer Psychologin zu arbeiten. Aus diesem Grund lösten sie aus, dass ich tatsächlich mental an meine Grenzen kam, indem sie Sandro von mir trennten. Es bleibt jedoch die Frage, inwiefern es Sandro verdient hat, gegen seinen Willen festgehalten und von seiner Mutter getrennt zu werden. Es stellte sich schnell heraus, dass ich gar nicht so »schlimm« bin, aber die Wochen und Monate vergingen. Auch ein ärztlicher Beleg darüber, dass ich nicht verrückt, psychisch krank oder überlastet bin, half nichts, um Sandro wieder nach Hause zu bekommen. Das Jugendamt hatte jedoch explizit dafür gesorgt, dass ich ins Krankenhaus gebracht werde, damit sie Sandro in Obhut nehmen können, da sie eine rechtliche Grundlage benötigen, auch wenn es sich um den ausgedehnten Begriff »Gefahr im Verzug« handelt.

Es hatte also für das Jugendamt nur diese Möglichkeit gegeben, um mir Sandro – scheinbar rechtmäßig – wegzunehmen, da ansonsten keine Gründe vorgelegen hätten. Aber auch als ich gesund aus dem Krankenhaus entlassen wurde, wurde die bereits initiierte Situation mit dem Verweis auf »Gefahr im Verzug« beibehalten. Es bestand gar kein Interesse daran, Sandro irgendwann wieder in sein wohliges Zuhause zurückzuführen. Im Gegenteil, die Sozialarbeiterin des Jugendamts, mit Hilfe zweier Frauen des Hilfswerks, setzten ihre ganze Energie dazu ein, Sandros Rückkehr nach Hause zu verhindern. Stetig arbeiteten sie, aus Hass gegen mich, auf die Trennung von der Mutter hin.

Im Kinderzentrum redeten sie Sandro ein, dass ich eine schlimme Mutter sei. Sie schädigten seine Psyche mit Aussagen wie: »Deine Mutter hat dich überhaupt nicht lieb.« Darüber hinaus überlegten sie sich, Sandro zu verlegen, damit er so weit wie möglich, noch weiter weg, von seiner Familie entfernt wird und keinen Kontakt mehr zu uns haben kann. Mein Anwalt teilte mir einfach nur mit, dass ich die Obsorge voraussichtlich verlieren werde – dies sei hier jedoch jetzt nicht relevant, da die Obsorge eher einen psychischen Hintergrund hat. Ich hatte ein dreiviertel Jahr vorher die Eigentumswohnung verkauft, da ich ein barrierefreies Zuhause brauchte und durch meine Erkrankung nicht mehr arbeiten konnte. Zudem musste ich alles Mögliche für Sandro erledigen – gleichzeitig musste ich einen klaren Kopf kriegen. Alles aus Liebe zu meinem Kind! Es gab keinerlei Regelung, dass Sandro und ich uns regelmäßig sehen könnten und unsere Bindung gefördert werden würde.

Inzwischen gibt es – sehr selten – »Familientreffen« und wir erhielten eine neue Sozialarbeiterin zur Seite. Sie willigte ein, dass wir uns zu Familientreffen besuchen dürften. Dennoch wurde mir die Obsorge entzogen. Die Fremdbestimmung schwächt das soziale Zusammenleben ab. Im Anschluss daran müssen es Familien erst wieder auf die Beine schaffen und sich von diesem Albtraum erholen.

1.3 Die nächste Phase der Inobhutnahme

Nachdem uns jahrelang leere Worte gesagt wurden, falsche Versprechungen und gebrochene Verträge gemacht worden waren, wurde uns dann versprochen,

Sandro käme in zwei Jahren wieder nach Hause. Sandro war nun schon 13 Jahre alt, ein Alter, in dem ein Kind aus rechtlicher Perspektive bereits Mitspracherecht hat und mitentscheiden darf, wo er wohnen will. Aber sie ließen ihn nicht mitentscheiden und ich erhielt eine E-Mail, dass sie Sandro nach Klagenfurt in ein anderes Zentrum bringen würden, damit er sich dieses ansehen könnte. Sie brachten ihn nach Klagenfurt und Sandro sagte direkt, dass es ihm dort nicht gefällt und er lieber nach Hause gehen möchte. Aber es wurde wieder ignoriert. Er sollte nun zwei Jahre dort bleiben. Positiv ausgedrückt handelt es sich um ein Therapiezentrum, in dem er dann im August 2023 aufgenommen wurde. Wir, die Angehörigen, durften bei der Aufnahme in diesem Zentrum anwesend sein. Der Leiter des Zentrums redete direkt Klartext mit uns und wies uns darauf hin, dass es weiterhin telefonischen und persönlichen Kontakt geben könnte. Er hob hervor, dass ich auch bei fehlender Obsorge immer noch der erste Ansprechpartner sei, wenn es um Sandro geht. Der erste Ansprechpartner bleibt die Mutter, sonst niemand. Als mir mein Kind und die Obsorge genommen wurden, erkrankte ich an Angstzuständen und Albträumen, meine Multiple Sklerose meldete sich mit körperlichen Schmerzen und ständiger Müdigkeit. Ich hatte kein Gefühl mehr in meinen Händen.

Das Zentrum in Klagenfurt erschien auf den ersten Blick wie ein Erholungsort, an dem ein Mensch gut im

Rahmen von verschiedenen Therapien genesen kann. Sandro gefiel es auch – aber er wollte nicht dort bleiben. Wir vereinbarten und so wurde es niedergeschrieben, dass Sandro nach den zwei Jahren im Zentrum wieder nach Hause kommen darf. Zudem trafen wir die Vereinbarung, dass Sandro in dieser Zeit die Schule absolvieren würde, damit er den Anschluss nicht verliert. Dies ist nun der aktuelle Stand, aber ich dachte direkt bei mir, dass dies wieder nur ein Versprechen sein würde, das erneut gebrochen wird. Ich darf Sandro einen Tag in der Woche für drei Stunden besuchen und arbeite nun daran, dass Sandro nach diesen zwei Jahren austherapiert ist und alles beendet ist.

2. Kinder in Österreich

Ein Kind kann ein gutes Leben haben, wenn es von liebevollen Eltern oder Betreuern umgeben ist, die ihm Sicherheit und Geborgenheit geben. Ein stabiles und harmonisches familiäres Umfeld ist für das Wohlbefinden eines Kindes von großer Bedeutung. Eltern sollten Zeit mit ihrem Kind verbringen, ihm zuhören und seine Bedürfnisse ernst nehmen.

Ein weiterer wichtiger Faktor für das Wohlergehen eines Kindes ist eine gute Bildung. Kinder sollten die Möglichkeit haben, ihre Talente und Interessen zu entdecken und zu entwickeln. Eine gute schulische Ausbildung ist dabei genauso wichtig wie die Förderung von kreativen und sportlichen Aktivitäten. Bildung gibt Kindern die Chance, ihre Träume zu verwirklichen und ein erfülltes Leben zu führen. Dafür existieren sogar rechtliche Regelungen, die dies für Kinder sichern sollen. Im Fall von Sandro war dies jedoch ganz anders. Er durfte in der Hauptschule nicht mehr am Gymnastikunterricht teilnehmen und wurde in seinen Fähigkeiten eingeschränkt.

Eine ausgewogene Ernährung, regelmäßige Bewegung und ausreichend Schlaf sind des Weiteren für die körperliche und geistige Entwicklung unerlässlich. Eltern sollten ihren Kindern gesunde Gewohnheiten vorleben und sie zu aktiver Bewegung und ausgewogener Ernährung anregen. Obwohl ich jederzeit auf Sandros Gesundheit achtete und für seine Förderung darüber hinaus verschiedene Ärzte kontaktiert hatte, wurde mir Vernachlässigung vorgeworfen.

Soziale Kontakte und Freundschaften sind ebenfalls wichtig für ein glückliches Kinderleben. Kinder sollten die Möglichkeit haben, mit Gleichaltrigen zu spielen und zu interagieren. Durch den Austausch mit anderen Kindern lernen sie soziale Kompetenzen wie Einfühlungsvermögen, Teamarbeit und Konfliktlösung. Zu einem guten Leben für Kinder gehört auch der Zugang zu Freizeitaktivitäten und Hobbys. Kinder sollen die Möglichkeit haben, ihre Freizeit sinnvoll zu gestalten und ihren Interessen nachzugehen. Ob Musik, Kunst, Sport oder andere Aktivitäten, Kinder sollten die Möglichkeit haben, ihre Leidenschaften zu entdecken und zu entwickeln.

Studien haben jedoch gezeigt, dass sich seit der Corona-Pandemie bei den Kindern und Jugendlichen zwischen 6 und 18 Jahren in Österreich aufgrund der starken Belastungen eine regelrechte Perspektivlosigkeit entwickelt hat.[2] In der aktuellen Forschung wird darauf hingewiesen, dass die Eltern einen wesentlichen Beitrag zur Gesellschaft geleistet haben, indem sie zu Hause sichere und sogar angenehme Räume für ihre Kinder geschaffen haben, während sie gleichzeitig mit den Bedrohungen und Schwierigkeiten im Zusammenhang mit der Pandemie fertig wurden. Die Befragten einer aktuellen Studie trugen mehrere große Lasten gleichzeitig und räumten den Bedürfnissen ihrer Kinder eindeutig Vorrang vor ihren beruflichen Anforderungen oder ihren eigenen Bedürfnissen ein, was oft zur Erschöpfung führte. Daher sollten wir anerkennen, dass die Kapazitäten der Eltern zur Unterstützung ihrer Kinder begrenzt sind, auch wenn der Druck, verantwortungsbewusst zu handeln und sich flexibel an schwierige Umstände anzupassen, mit dem Fortschreiten der Krise erheblich zugenommen hat. Die Pandemie sollte nicht als eine Art Bewährungsprobe, die zwischen fähigen und unfähigen Eltern unterscheidet, betrachtet werden, da dies Scham- und Schuldgefühle fördern würde, wenn Eltern nicht in der Lage sind, die Herausforderungen, mit denen sie konfrontiert sind, vollständig zu bewältigen. Vielmehr ist es wichtig, die enormen Leistungen und Beiträge der Eltern anzuerkennen.

Die Elternschaft während der COVID-19-Krise war stressig gewesen und die Eltern hatten mit einer enormen Bandbreite von Ängsten um ihre Kinder zu kämpfen. Die Befragten der Studie wurden auch aufgefordert, verschiedene Strategien zu entwickeln und zu etablieren, um ihren Kindern zu helfen, die Auswirkungen der Pandemie zu bewältigen. Die Ergebnisse zeigen deutlich, wie wichtig ein stabiler Familienalltag ist. Eltern mit Kindern aller Altersgruppen versuchten, ihren Familienalltag zu strukturieren, indem sie die gewohnten

Abläufe beibehielten oder wiederherstellten. Ältere Kinder wurden in den Prozess der Strukturierung einbezogen und bei der eigenständigen Anwendung dieser Strategie unterstützt.[3] Im Bereich der Neuropsychiatrie wird darauf hingewiesen, dass hinsichtlich einer Neuaufstellung der psychischen Versorgung von Kindern und Jugendlichen in Österreich dringender Handlungsbedarf besteht.[4]

2.1 Betreuungssystem

Das Betreuungssystem in Österreich deckt jedes Kindesalter ab. Kinderbetreuung ist ein Thema, das Eltern ab der Geburt eines Kindes beschäftigt. Vor allem Eltern, die wieder in den Beruf einsteigen wollen, benötigen Informationen über Betreuungsmöglichkeiten. In Österreich kommen die folgenden Betreuungsformen in Frage: Krippen für Kinder unter drei Jahren, Kindergärten, Tagesmütter, Kindergruppen, Kinderbetreuung an Hochschulen, Babysitter, Leihgroßeltern sowie Ganztagsschulen.[5]

Eine Studie hat die Entwicklung der Kinderbetreuungspolitik in Deutschland und Österreich verglichen. Obwohl beide Länder durch ein konservatives Wohlfahrtssystem gekennzeichnet sind, haben sie sehr unterschiedliche Kinderbetreuungspolitiken entwickelt. Historisch gesehen war Österreich in der Einführungsphase

Vorreiter, während Deutschland mit den jüngsten Reformen Österreich überholte. Es wird argumentiert, dass ideologische Unterschiede zwischen den Parteien für den Politikwechsel verantwortlich sind. Die von den Regierungsparteien vertretenen Geschlechter- und Familienmodelle prägten die Entwicklung der Kinderbetreuungspolitik entscheidend. Die Positionen der Parteien änderten sich jedoch im Laufe der Zeit aufgrund von allgemeinen Emanzipationsprozessen, innerparteilichen Konflikten und Zwängen durch die Koalitionspartner.2 Welche Bedeutung Kinder in Österreich haben, hängt also auch mit der historischen Entwicklung der Politik zusammen.

Die OECD führt regelmäßig Umfragen in ihren Mitgliedstaaten durch, um deren aktuelle Wirtschaftsleistung zu bewerten. In Österreich ist die Zahl der Kinderbetreuungsplätze im Alter von 0 bis 3 Jahren nach wie vor vergleichsweise niedrig, hat aber nach 2007 rasch zugenommen. Es bestehen enorme regionale Unterschiede bei der Inanspruchnahme und Zugänglichkeit ganztägiger Kinderbetreuung.

Eine Kombination aus Teilzeitarbeit der Mütter und Vollzeitbeschäftigung der Väter hat sich über alle Bildungsgruppen hinweg als neues dominantes Modell der Erwerbsbeteiligung der Eltern herausgebildet. Die Österreicher sind sich der Präsenz und der aktiven Rolle der Väter bei der Kindererziehung besonders bewusst. Hinsichtlich der Einstellung zur Erwerbstätigkeit von Müttern mit Vorschulkindern nimmt Österreich eine mittlere Position in Europa ein, mit großen Unterschieden zwischen Frauen und Männern. Was die möglichen Folgen von Geschlechterunterschieden auf die Fertilität betrifft, so deuten die Forschungsergebnisse darauf hin, dass deprimierende Auswirkungen nur dann zu erwarten sind, wenn diese auch als geschlechtsspezifische Ungleichheiten (d. h. als unfair oder ungerecht) wahrgenommen werden. Was die Fruchtbarkeit und die Familiengröße betrifft, so ist die Kinderlosigkeit in Österreich vergleichsweise hoch und bei Frauen mit tertiärem Bildungsabschluss und Wissenschaftlern besonders hoch. Haupthindernisse für Forscherinnen sind zeitliche Strukturen der Arbeit, befristete Verträge und persönliche Hindernisse. Was die Familienpolitik und die öffentlichen Ausgaben für Familien betrifft, so sind die Geldleistungen in Österreich vergleichsweise hoch, die Ausgaben für Dienstleistungen und steuerliche Maßnahmen niedrig. Diese einzigartige Kombination unterstützt die traditionellen Geschlechterrollen in diesem Land.[6]

Der Druck der Corona-Pandemie hat die Situation für zahlreiche Kinder und Jugendliche in Österreich sicher noch verschlechtert. Dennoch ist es zu einfach, die Eingriffe ins Familienleben auf eine zu bewältigende Krise zu schieben, da der historische Kontext und die Politik in einem Land eine wichtige Rolle im Umgang mit Kindern spielen.

2.2 Kinderschutz

Die primäre Aufgabe eines Kinderschutzzentrums in Österreich ist das Angebot von Beratung, Krisenintervention und Psychotherapie in Fällen von Gewalt oder Verdacht auf Gewalt gegen Kinder und Jugendliche. Bei Bedarf werden Prozessbegleitung, Besuchsbegleitung und Kinderbeistand angeboten. Diese Angebote richten sich an betroffene Kinder und Jugendliche selbst, deren Familien und Bezugspersonen, einschließlich der Personen, von denen die Gewalt ausgeht, sowie an alle, die in ihrer beruflichen oder privaten Tätigkeit mit dem Problem der Gewalt gegen Kinder und Jugendliche konfrontiert sind. Unter Gewalt wird in diesem Kontext physische, psychische und sexuelle Gewalt sowie Vernachlässigung verstanden. Multiprofessionelle Teams bieten ein hilfe- und entwicklungsorientiertes Unterstützungsangebot, das so gestaltet sein soll, dass die KlientInnen es als Hilfe annehmen und sich aktiv darauf einlassen können. Dazu ist es notwendig, die KlientInnen als autonome Wesen zu achten und sie in ihren gesamten Lebenszusammenhängen zu verstehen.[7]

Aber inwiefern ist eine Mutter noch als »autonomes Wesen« geachtet, wenn ihr das Recht entzogen wird, hinsichtlich ihres Sohnes mitzuentscheiden? In den Qualitätskriterien der Österreichischen Kinderschutzzentren wird darauf hingewiesen, dass es überall dort, wo Erwachsene mit Kindern leben oder arbeiten, zu

Grenzverletzungen und Übergriffen kommen kann. Am häufigsten erleben Kinder demzufolge Gewalt zu Hause oder in ihrem näheren Umfeld – immer wieder auch in Institutionen und Organisationen. Wenn Fälle von Gewalt bekannt werden, lässt das kaum jemanden kalt und es entsteht der Wunsch zu helfen. Dabei ist die Hoffnung auf einfache Antworten und Lösungen zum Schutz der Kinder besonders groß, doch die Komplexität von Gewaltdynamiken erfordert ein differenziertes Vorgehen. Wenn man sich Sorgen um ein Kind macht, ist es wichtig zu wissen, an wen man sich wenden kann und welche Kriterien seriöse Kinderschutzorganisationen von anderen unterscheiden. Wenn eine solche Organisation gravierende Fehler macht, dann hat dies für die Kinder schwerwiegende Folgen – zusätzlich auch für die Mutter, in deren Interesse es in der Regel als Letztes liegt, von ihrem Kind getrennt zu werden oder diesem zu schaden.

2.3 Psychologie und Familienhilfe

Der Gedanke, dass das eigene Kind zum Psychologen muss, kann bei den Eltern eine Vielzahl von Gefühlen auslösen. Zunächst fühlen sie sich vielleicht beunruhigt und ängstlich. Sie fragen sich vielleicht, was mit ihrem Kind nicht stimmt und ob es ernsthafte psychische Probleme hat. Es ist normal, dass Eltern sich Sorgen machen und nach Antworten suchen. Gleichzeitig können Eltern auch erleichtert sein, wenn sie wissen, dass ihr Kind professionelle Hilfe bekommt. Sie wissen, dass ein Psychologe über das Wissen und die Erfahrung verfügt, um ihrem Kind zu helfen und möglicherweise die Ursachen seiner emotionalen oder Verhaltensprobleme zu erkennen.

Eltern können sich auch schuldig fühlen, wenn sie denken, dass sie als Eltern versagt haben. Sie können sich fragen, ob sie etwas falsch gemacht haben oder ob ihre Erziehungsmethoden unzureichend waren. Es ist wichtig zu verstehen, dass psychische Probleme bei Kindern nicht immer auf die Erziehung zurückzuführen sind und dass viele Faktoren dazu beitragen können.

Für das betroffene Kind kann der Besuch beim Psychologen auch eine Mischung aus verschiedenen Gefühlen auslösen. Manche Kinder fühlen sich ängstlich oder unsicher, weil sie nicht wissen, was sie erwartet oder wie der Psychologe ihnen helfen wird. Andere Kinder sind vielleicht erleichtert, endlich jemanden zu haben, mit dem sie über ihre Probleme sprechen können. Einige Kinder können auch Scham oder Stigmatisierung empfinden, wenn sie erfahren, dass sie zu einem Psychologen gehen müssen. Sie könnten befürchten, dass ihre Freunde oder andere Kinder in der Schule sie für »verrückt« oder »seltsam« halten. Es ist wichtig, Kindern zu vermitteln, dass es völlig normal ist, professionelle Hilfe in Anspruch zu nehmen, und dass viele Menschen davon profitieren. Wenn die familiäre Unterstützung versagt, fühlen sich Eltern oft hilflos, frustriert und überfordert. Möglicherweise haben sie bereits erkannt, dass sie Unterstützung benötigen, um die Herausforderungen des Familienlebens zu bewältigen. Die Entscheidung, Familienhilfe in Anspruch zu nehmen, ist für Eltern oft ein großer Schritt, da sie sich eingestehen müssen, dass sie alleine nicht mehr weiterkommen. Eltern erhoffen sich von der Familienhilfe professionelle Begleitung und Unterstützung bei der Bewältigung ihrer Probleme. Sie wollen lernen, ihre Kinder besser zu erziehen bzw. zu begleiten und zu fördern, Konflikte in der Familie zu lösen und ein gesundes und liebevolles Umfeld zu schaffen. Werden diese Erwartungen nicht erfüllt, fühlen sich Eltern enttäuscht und allein gelassen. Die Gründe für das Scheitern der Familienhilfe können vielfältig sein. Es kann an mangelnder Kommunikation zwischen Eltern und Familienhelfern liegen oder daran, dass die Hilfe nicht auf die individuellen Bedürfnisse der Familie zugeschnitten ist. Manchmal fehlen auch die Ressourcen oder das Fachwissen der pädagogischen Hilfskräfte, um angemessen auf die Situation zu reagieren. Für die Eltern kann das Scheitern der Familienhilfe zu einem Gefühl der Ohnmacht führen. Sie haben möglicherweise bereits viel Zeit und Energie investiert und sehen keine Verbesserung der Familiensituation, eventuell sogar durch die misslungene »Hilfe« eine ernsthafte Verschlechterung. Dies kann zu Frustration und Hoffnungslosigkeit führen.

Das Scheitern der Familienhilfe ist nicht unbedingt die Schuld der Eltern. Dennoch können sich Eltern oft schuldig fühlen und glauben, dass sie versagt haben. In solchen Situationen ist es wichtig, dass Eltern Unterstützung suchen und sich nicht scheuen, nach alternativen Lösungen zu suchen. Möglicherweise gibt es andere Hilfsangebote oder Organisationen, die besser auf ihre Bedürfnisse eingehen können.

3. Die Trennung von Mutter und Kind

Es gilt seit jeher als wissenschaftlicher Konsens, dass ein Kind Bewältigungsstrategien entwickeln muss, um frühzeitige, kurze Trennungen von der Mutter zu überstehen. Die Bindung zur Mutter bildet demzufolge die Basis für die Interaktions- und Kommunikationsfähigkeit des Kindes.[8] Kinder erfahren bei einer Trennung von der Mutter eine sensorische Unterstimulierung. Forschungsarbeiten zur Bindungstheorie konnten in den letzten Jahrzehnten einige Erkenntnisse zur Mutter-Kind-Bindung sammeln. Wenn ein Kind das Bedürfnis nach seiner Mutter hat, die sich um ihn kümmern soll, und diese Bedürfnisse nicht erfüllt werden, dann kann dies in einem Kind Unsicherheit auslösen. Es greift verzweifelt nach einer Hand, die nicht zu erreichen ist.

Ein Kind, das von seiner Mutter getrennt wird, sehnt sich auf dramatische Weise nach seiner Mutter. Das Kind fühlt sich verloren und allein in einer ihm fremden Welt. Jeden Tag, wenn die Sonne aufgeht, erwacht das Kind und spürt sofort den schmerzhaften Stich der Sehnsucht in seinem Herzen. Es vermisst die liebevolle Umarmung seiner Mutter, ihre sanfte Stimme, die ihm Geschichten erzählte, und ihre warmen Hände, die seine Tränen trockneten. Das Kind versucht sich abzulenken, indem es mit anderen Kindern spielt und sich in phantasievolle Abenteuer stürzt. Doch selbst inmitten von Lachen und Freude kann es den Schmerz nicht vergessen. Es fühlt sich wie ein verlorenes Puzzleteil, das nicht mehr in das große Bild des Lebens passt.

Die Tage vergehen und das Kind beginnt, seine Mutter in seinen Träumen zu sehen. Sie erscheint ihm wie ein Engel, der über ihn wacht und ihm Trost spendet. Doch jedes Mal, wenn es aufwacht, wird ihm bewusst, dass seine Mutter nicht da war, und die Sehnsucht wird immer stärker. Die Zeit vergeht, das Kind wächst heran, aber die Sehnsucht nach seiner Mutter bleibt. Es lernt, mit dem Schmerz umzugehen, aber es kann nie die Lücke füllen, die ihre Abwesenheit hinterlassen hat.

Aber auch für eine Mutter bildet eine abrupte Trennung von ihrem Kind einen tiefen Schock. Das Gefühl, von ihrem Kind getrennt zu sein, ist eine der schmerzlichsten Erfahrungen, die eine Mutter machen kann. Es ist ein Gefühl der Leere, des Verlustes, des Todes und der Sehnsucht, das tief in ihrem Herzen verankert ist. Die Bindung zwischen Mutter und Kind ist von Natur aus stark und intensiv, und wenn diese Bindung durch eine Trennung unterbrochen wird, kann dies zu einem tiefen emotionalen Schmerz führen. Für die Mutter bedeutet die Trennung von ihrem Kind, dass sie es nicht mehr in der gewohnten Weise beschützen, versorgen und umsorgen kann. Sie vermisst die täglichen Routinen, die gemeinsamen Momente und die Möglichkeit, ihr Kind aufwachsen zu sehen. Es ist ein Gefühl der Hilflosigkeit und des Verlustes, oft begleitet von Schuldgefühlen. Die Mutter fragt sich vielleicht, ob sie etwas falsch gemacht hat oder ob sie besser hätte handeln können, um die Trennung zu verhindern.

Auch für das Kind ist die Trennung von der Mutter eine sehr schwierige Erfahrung. Sie kann Gefühle des Verlassenseins, der Angst und der Unsicherheit auslösen. Das Kind vermisst die vertraute Gegenwart der Mutter, ihre Liebe und Fürsorge. Es kann Schwierigkeiten haben, sich an die neue Situation anzupassen und sich in einer Umgebung ohne vertraute Gesichter und Routinen zurechtzufinden. Das Kind kann sich einsam fühlen und sich nach der Nähe und dem Schutz der Mutter sehnen. Die Trennung von Mutter und Kind kann auch langfristige Folgen für beide haben. Bei der Mutter kann sie zu Depressionen, Ängsten und einem Gefühl der Leere führen. Sie kann Schwierigkeiten haben, eine neue Identität zu finden und sich mit der neuen Realität zu arrangieren. Für das Kind kann die Trennung zu emotionalen Problemen, Verhaltensauffälligkeiten und Schwierigkeiten in der Schule führen.

Es gibt kaum ein schmerzlicheres Gefühl, als das Herausreißen des Herzens, wenn man jemanden vermisst, den man liebt. Es ist, als ob ein Teil von einem selbst fehlt, als ob man in einem endlosen Meer der Einsamkeit treibt. Wenn einem das Herz herausgerissen wird, bedeutet das, dass die Liebe, die man einmal empfunden hat, plötzlich verschwunden ist, in der Fremde, an einem unbekannten Ort, einfach gewaltsam entfernt. Es ist, als ob alle Farben aus dem Leben verschwunden sind und nur eine graue Leere zurückbleibt. Jeder Tag wird zur Herausforderung, denn alles erinnert einen an diese Person, sei es ein Lied, ein Ort oder sogar ein Geruch. Man sehnt sich nach ihrer Gegenwart und kann nicht aufhören, ihre Stimme in seinem Kopf zu hören. Gleichzeitig sind es die ersten Augenblicke des Lebens, in denen der Suizid zum ersten Mal als Erlösung von den Schmerzen erscheint. Der Schmerz der Abwesenheit ist unerträglich. Man vermisst nicht nur die gemeinsamen Momente und Erinnerungen, sondern auch die kleinen Dinge des Alltags. Das gemeinsame Lachen, die Umarmungen und Küsschen – all das fehlt so sehr. Immer wieder fragt man sich, wie es sein kann, dass jemand so wichtig für einen ist und dann einfach verschwindet. Die Tage werden zu einer endlosen Folge von Sehnsuchtsmomenten. Man versucht sich abzulenken, aber der Schmerz bleibt. Manchmal hat man das Gefühl, dass das Leben ohne diesen Menschen keinen Sinn mehr hat. Man fragt sich, wie man jemals wieder glücklich sein kann. Doch mit der Zeit beginnt man zu verstehen, dass der Verlust ein Zeichen dafür ist, dass man wirklich geliebt hat. Es beweist, dass man fähig ist, tiefe Gefühle zu empfinden, verbunden zu sein und jemandem sein Herz zu schenken. Und auch wenn es schmerzt, ist es wichtig, sich daran zu erinnern, dass Trauer ein Teil des Heilungsprozesses ist. Manchmal dauert es länger als erwartet, den Schmerz zu überwinden. Bei mir haben die Vorfälle zu einer weiteren verstärkten Herbst-Winter-Depression geführt. Ich muss Antidepressiva nehmen, wenn die dunkleren Jahreszeiten eintreten. Mein Partner und ich sind beide erkrankt und hatten ohnehin schon schwierige Voraussetzungen, aber anstatt uns zu unterstützen, wurden wir einen düsteren Abgrund heruntergestoßen, aus dem es keinen Ausweg mehr gibt. Ich musste mir anhören, dass ich diese Menschen, die uns das angetan haben, nicht als Feinde sehen soll. Ich sollte auch darauf achten, was ich sage, denn ich dürfe die Menschen nicht ablehnen, die mir helfen wollen. »So sieht also die Hilfe aus, indem man uns das Kind wegnimmt«, dachte ich jedes Mal nur bei mir und sagte es auch.

Dennoch habe ich nicht aufgegeben. Trotz meiner Krankheit, Multiple Sklerose, die mir im Dezember 2012 diagnostiziert wurde, habe ich immer darauf geachtet, dass es Sandro gut geht. Die Inobhutnahme hat mich neurologisch schwer geschädigt, Angstzustände und Albträume kehren wieder. Ich spüre im wahrsten Sinne des Wortes nichts mehr, habe häufig kein Gefühl in den Händen, Armen und Beinen, von den körperlichen Schmerzen will ich nicht mehr reden. Sie reflektieren lediglich, was uns angetan wird. Noch immer wird uns das Leben schwer gemacht, denn nun stören plötzlich auch unsere Hunde – als ob jedes Leben, das zu uns gehört, dem Erdboden gleich gemacht werden muss. Ein Hund darf seine Freude nicht durch Bellen ausdrücken – aber monatelanger Baulärm und regelmäßige Partys der Nachbarn sind schon in Ordnung. Nicht nur das Gute bleibt im Gedächtnis, auch das was nicht gut war, bleibt in ewiger Erinnerung. Aber wie sollen die positiven Erinnerungen aufgefrischt werden, wenn so viel Übel geschehen ist? In einem guten pädagogischen Umfeld entwickelte sich Sandro zunächst allseits erkennbar positiv. Trotz der drei verschiedenen Sprachen, die sich bei Sandro vermischten, konnte ich ihn immer gut verstehen. In der Volksschule hatte ich direkt das Gefühl gehabt, dass er dort gut aufgenommen wird. Unprofessionelle Sozialarbeiterinnen und PädagogInnen führten jedoch dann zu einer negativen Entwicklung von Sandro.

Eigentlich hatten wir mit Sandro ein großes Glück gehabt, dass die PädagogInnen der Volksschule so kompetent und wertschätzend mit ihm umgegangen waren. Wie sich später herausstellen sollte, war dies keine Selbstverständlichkeit, sondern im Gegenteil eine außergewöhnliche Ausnahme gewesen – zum Leidwesen unserer gesamten Familie, die nun mit der schweren Trennung von Sandro zu kämpfen hat durch eine weitere Schule. Dies verdeutlicht, wie schwierig die Trennung von seinem Zuhause wohl für Sandro gewesen sein muss, der durch Institutionen und PädagogInnen jahrelang ignoriert und diskriminiert worden war. In der Volksschulzeit hatte noch alles optimal funktioniert – wir vernetzten uns und tauschten uns auf positive Weise aus, wenn es etwas Wichtiges zu besprechen gab. Diese Zeit wurde danach jedoch abrupt beendet – plötzlich, ohne dass wir damit gerechnet hätten. Auf diese Weise verlief es stetig, bis zur plötzlichen Inobhutnahme, welche die Spitze des Eisbergs bildete.

4. Das Zuhause verloren

Kaum ein Gefühl ist vergleichbar mit dem Glück und der Geborgenheit, die man empfindet, wenn man ein Zuhause hat und sich mit seiner Heimat verbunden fühlt. Ein Zuhause ist nicht nur ein Ort, an dem man lebt, sondern auch ein Ort, an dem man sich sicher und geborgen fühlt. Das Zuhause ist der Ort, an dem wir unsere persönlichen Erinnerungen schaffen und unsere Träume verwirklichen können. Es ist der Ort, an den wir uns nach einem langen Tag zurückziehen können, um uns zu entspannen und neue Energie zu tanken. Hier können wir unsere eigenen Regeln aufstellen und unseren eigenen Stil leben. Hier können wir uns frei entfalten und wir selbst sein.

Ein Zuhause ist aber nicht nur ein physischer Ort, sondern auch eine emotionale Verbindung zu unserer Heimat. Unsere Heimat ist der Ort, an dem wir aufgewachsen sind oder den wir uns zu Eigen gemacht haben. Es ist der Ort, an dem wir unsere Wurzeln haben und zu dem wir immer wieder zurückkehren können. Die Verbundenheit mit unserer Heimat gibt uns ein Gefühl von Identität und Zugehörigkeit. Wir fühlen uns den Menschen und der Kultur unserer Heimat verbunden. Wir kennen die Traditionen und Bräuche und wissen um die Bedeutung bestimmter Orte oder Ereignisse. Diese Verbundenheit gibt uns ein Gefühl von Stolz und macht uns zu einem Teil einer größeren Gemeinschaft.

Ein Zuhause zu haben bedeutet auch, Menschen um sich zu haben, die uns lieben und unterstützen. Familie und Freunde sind oft das Herzstück unseres Zuhauses. Sie sind da, um uns in guten wie in schlechten Zeiten beizustehen und uns zu ermutigen, unsere Träume zu verfolgen. Ein Zuhause bietet die Möglichkeit, sich zurückzuziehen und zur Ruhe zu kommen. In einer hektischen Welt ist es wichtig, einen Ort zu haben, an dem man sich entspannen und neue Energie erhalten kann. Ein Zuhause bietet uns diesen Raum und ermöglicht es uns, dem Alltagsstress zu entfliehen.

Doch diese Welt, unsere Familie, unser Zuhause, unser Wertvollstes und die Verbundenheit zu unserer Heimat wurden uns zerstört.

Es war ein sonniger Tag in meiner Heimatstadt, als ich den größten Vertrauensbruch meines Lebens erlebte und Sandro in Obhut genommen wurde. Es war ein Moment, der mich zutiefst erschütterte und mein Vertrauen in die Menschen um mich herum für immer veränderte. Ich hatte immer gedacht, dass meine Heimatstadt ein Ort ist, an dem man sich sicher und geborgen fühlen kann. Die Menschen kannten sich seit Jahren und es schien, als würde jeder jeden kennen. Aber an diesem Tag wurde mir klar, dass ich mich geirrt hatte. Der Schock saß tief. Ich fühlte mich betrogen und hintergangen. Wie konnten Menschen so skrupellos sein? Wie konnte ich so blind sein? Das Vertrauen in meine Mitmenschen war zerstört, ich fühlte mich verloren.

Es dauert lange, bis ich wieder Vertrauen fassen kann – nicht nur in andere Menschen, sondern auch in mich selbst. Ich muss lernen, dass nicht alle Menschen so sind wie diese Sozialarbeiterinnen, dass es auch ehrliche und vertrauenswürdige Menschen gibt. Der Vertrauensbruch hat mich gelehrt, vorsichtiger zu sein und nicht alles zu glauben, was man mir erzählt. Er hat mich gelehrt, genauer hinzuschauen und mein Bauchgefühl ernst zu nehmen. Vor allem aber hat mich der Vorfall gelehrt, dass Vertrauen ein kostbares Gut ist, das man nicht leichtfertig verspielen sollte.

Vertrauen ist eine zerbrechliche und wertvolle Eigenschaft, die in zwischenmenschlichen Beziehungen von großer Bedeutung ist. Es kann jedoch leicht verloren gehen, wenn man immer wieder belogen und vertröstet wird. Wenn jemand ständig unehrlich ist oder Versprechen nicht einhält, beginnt das Vertrauen zu bröckeln und kann schließlich ganz zerstört werden. Wenn man wiederholt belogen wird, fühlt man sich betrogen und hintergangen. Man fragt sich, warum die Person nicht die Wahrheit sagt und ob sie überhaupt ehrlich ist. Jedes Mal, wenn eine Lüge aufgedeckt wird, wird das Vertrauen weiter geschwächt. Man beginnt zu zweifeln und misstraut den Aussagen der Person. Die Glaubwürdigkeit geht verloren und es fällt schwer, den Worten noch Glauben zu schenken. Ebenso schädlich ist es, wenn man immer wieder vertröstet wird. Wenn ständig Versprechungen gemacht werden, die nie eingehalten werden, fühlt man sich enttäuscht und im Stich gelassen.

Man verliert das Vertrauen in die Ernsthaftigkeit der Versprechungen und beginnt an der Verlässlichkeit der Person oder Institution zu zweifeln. Das Gefühl der Enttäuschung verstärkt sich mit jeder weiteren Versprechung und das Vertrauen schwindet. Vertrauensverlust hat weitreichende Folgen. Dieser Verlust beeinflusst nicht nur die zwischenmenschlichen Beziehungen, sondern auch das eigene Wohlbefinden. Man fühlt sich unsicher und verletzt, weil man nicht mehr sicher sein kann, ob man der Person vertrauen kann. Es entsteht eine Kluft zwischen den Beteiligten, die nur schwer zu überbrücken ist. Um das Vertrauen wiederherzustellen, ist es wichtig, dass die Person, die gelogen oder betrogen hat, die Verantwortung für ihr Handeln übernimmt. Sie muss bereit sein, ehrlich zu sein und ihre Versprechen zu halten. Dies geschah aber nie. Ich fragte mich immer, aus welchem Grund diese Menschen, vor allem die Sozialarbeiterinnen, regelrecht Gefallen daran fanden, unser Leben zu zerstören, Sandro so weit weg wie möglich von mir zu bringen, da ich mich die ganzen Jahre gut um ihn gekümmert hatte. Er fühlte sich zu Hause wohl, hatte alles, was er brauchte, ich unterstützte ihn mit verschiedenen Therapien und motivierte ihn. Es hatte gar keinen vernünftigen Grund gegeben, Sandro sein Zuhause zu entreißen.

Aber seitdem geht er seinen Weg alleine, ohne Eltern. Wir dürfen ihn jetzt nur einmal die Woche für drei Stunden sehen und auch das mussten wir uns erkämpfen. Mein Partner ist zwar Trinker, aber auch das ist zunächst kein Grund, einem Kind seine Familie zu nehmen, um es zu schützen. Wie viele Alkoholiker es doch gibt, die unter dem Deckmantel der Kultur abends oder zum Essen ein Gläschen Wein oder Bier trinken. Sind dies denn keine Alkoholiker? Nicht jeder Mensch, der Alkohol trinkt, ist ein böser Mensch. Dennoch musste ich dieses schädliche Laster ausgleichen und mich weitgehend alleine um Sandro kümmern. Ich federte alles ab und fragte mich, was die Institutionen noch tun würden, um mich in den Wahnsinn oder in den Tod zu treiben. Wie konnte ich bloß mein Kind aus der Inobhutnahme befreien und diesen Attacken zukünftig entgehen? Mein Gefühl der Sicherheit war entschwunden. Ich fühlte mich wie ein kleiner Fisch unter Haien, der einfach akzeptieren musste, was die Haie ihm empfehlen.

Aber ist denn ein bisschen Rebellion nicht auch manchmal wichtig? Gleichgültigkeit ist wie der sichere Tod. Es ist unsere Aufgabe, auf eine Weise zu rebellieren, die vielleicht den Adressaten in der Seele schmerzt, die aber auch zeigt, wie der Umgang mit Menschen in Österreich, aber auch in Deutschland ist – wie tausende Fälle ungerechtfertigter Inobhutnahmen in beiden Ländern bestätigen. In Deutschland haben die Jugendämter im Jahr 2022 66.400 Kinder in Obhut genommen.[9]

Aus welchen Gründen ist auf der Basis der »Gefahr im Verzug« vollkommen willkürlich. Wenn sich Sozialarbeiterinnen aus Neid, Hass oder Frustration einen Spaß daraus machen möchten, eine Kindesmutter von innen heraus auf Kosten des Kindes zu quälen, dann tun sie dies einfach. Dies liegt an der fehlenden Kultur des Respekts in Ländern wie Österreich oder Deutschland. Aber ist es wirklich eine Rechtfertigung als Erwachsener zu sagen, dass Respekt eben nie erlernt wurde? Menschen haben Verantwortung gegenüber einander, nicht nur Respekt zu erhalten, sondern auch zu geben. Wenn dieser Respekt verlorengeht, dann werden Familien zugrunde gerichtet und dem Tod wird die Tür geöffnet. Wenn sich Menschen so hassen, sind die Kinder die ersten Personen, die darunter leiden. Ob beim Tatbestand »Kindeswohlgefährdung« wirklich auf das Kind geachtet wird, bleibt fraglich. In wie vielen Fällen ist es nicht so? Was ist mit der sensiblen Kinderseele, die verletzt werden könnte? Sind es die meisten oder doch nur ein Drittel der Fälle? Die Kinderrechte, die in anderen Ländern schon weit entwickelt sind, stecken in Österreich und Deutschland noch in den Kinderschuhen. Klar ist, laut einer Statistik, dass beispielsweise in Deutschland rund ein Drittel der Kinder und Jugendlichen nicht mehr nach einigen Tagen, Wochen oder Monaten nach Hause zurückkehrt.

In Österreich wird eine Inobhutnahme auch als eine Maßnahme zur »Vollen Erziehung« bezeichnet. Wenn in Österreich die Voraussetzung erfüllt ist, dass ein Kind nicht einmal kurzzeitig in seiner Herkunftsfamilie verbleiben kann, dann darf das Jugendamt eine minderjährige Person aus der Familie herausnehmen und die Obsorge übernehmen. Dies zeigt aus rechtlicher Perspektive bereits, dass eine Inobhutnahme nicht aus persönlichen Gründen durchgeführt werden darf. Aber die Sozialarbeiterinnen mochten mich einfach nicht. Sie hassten mich regelrecht und wollten mir demonstrieren, wenn auch auf die unmenschlichste und erbärmlichste Weise, dass sie am längeren Hebel saßen.

Es gibt kaum etwas Perverseres als den Missbrauch von Macht, um eine Familie zu trennen und ihr Leid zuzufügen. Eine Familie ist ein Ort der Liebe, des Vertrauens und der Unterstützung, wo Menschen zusammenkommen, um sich gegenseitig zu stärken und zu schützen. Wenn jedoch jemand seine Machtposition ausnutzt, um diese Bindungen vorsätzlich zu zerstören, wird das Fundament dieser Familie erschüttert.

Machtmissbrauch kann verschiedene Formen annehmen. Eine Institution kann ihre Autorität ausnutzen, um Personen emotional oder körperlich zu misshandeln, indem den Familienmitgliedern Leid angetan wird. Dies kann dazu führen, dass die betroffenen Personen Angst haben, ihre Meinung zu äußern oder sich frei zu entfalten. Dadurch werden zudem die Beziehungen innerhalb der Familie vergiftet und die Bindungen zwischen den Familienmitgliedern geschwächt. Ein weiteres Beispiel für Machtmissbrauch ist die Manipulation von Informationen oder das Zurückhalten wichtiger Entscheidungen. Wenn beispielsweise eine Schule oder ein Jugendamt bewusst Informationen zurückhält oder lügt, um andere zu kontrollieren oder zu dominieren, wird das Vertrauen zerstört. Die Betroffenen können sich isoliert und hilflos fühlen, weil sie nicht wissen, was wirklich vor sich geht.

Die Auswirkungen eines solchen Machtmissbrauchs auf die Familie sind verheerend. Die Betroffenen leiden unter starkem emotionalem Stress und können Depressionen, Angstzustände oder sogar posttraumatische Belastungsstörungen entwickeln. Die Beziehungen zwischen den Familienmitgliedern werden auf eine harte Probe gestellt und können dauerhaft geschädigt werden. Kinder, die in einem solchen Umfeld aufwachsen, können Schwierigkeiten haben, gesunde Beziehungen aufzubauen und Vertrauen zu entwickeln. Es ist wichtig, dass wir uns bewusst sind, wie pervers und schädlich Machtmissbrauch hinsichtlich einer Familie ist. Es liegt in unserer Verantwortung, solche Situationen zu erkennen und zu handeln, um Kinder vor Missbrauch von außen zu schützen.

Missbrauch kann sich als sexueller, verbaler, psychischer Missbrauch oder als Vernachlässigung äußern.

Emotionaler Missbrauch wird begangen, indem die emotionale Reaktion eines Kindes ignoriert oder abgetan wird oder indem das Kind beschämt und gedemütigt wird. Sie kann verbal erfolgen, in Form von abwertenden Worten oder verletzenden Namen, oder indem ein Kind durch den Vergleich mit einem Geschwisterkind oder einem Freund herabgesetzt wird. Der Missbrauch kann auch nonverbal sein, z. B. indem man die Bedürfnisse des Kindes nicht anerkennt, wenn es beispielsweise nach seiner Mama ruft, wenn Hilfeschreie ignoriert werden oder das Kind als nicht liebenswert oder als »schlechtes, böses Kind« behandelt wird.

Vernachlässigung ist die häufigste Form der Kindesmisshandlung. Wenn ein Kind nicht ausreichend mit Nahrung, Kleidung oder Unterkunft versorgt wird, um zu überleben und zu wachsen, hat dies Auswirkungen auf die Zukunft des Kindes und setzt es einem größeren Risiko von Krankheiten, Infektionen, Behinderungen oder sogar des Todes aus. Vernachlässigung bedeutet auch, dass das Kind keinen Zugang zu Gesundheits- und Bildungsangeboten erhält. Emotionale Vernachlässigung ist ebenfalls weit verbreitet und kann sich langfristig negativ auf die Gehirnentwicklung und die künftige psychische Gesundheit auswirken.[10]

4.1 Die falsche Entscheidung

Es gibt Momente im Leben, in denen wir Entscheidungen treffen, die sich als unumkehrbar erweisen. Es ist ein Gefühl der Endgültigkeit, das uns überkommt, wenn wir erkennen, dass etwas nicht mehr rückgängig gemacht werden kann. Es ist schwer zu beschreiben, wie man sich fühlt, wenn man erkennt, dass man eine falsche Entscheidung getroffen oder eine Chance verpasst hat. Es ist ein Gefühl der Frustration und des Bedauerns, das tief in uns verwurzelt ist. Wir können uns Vorwürfe machen und uns fragen, warum wir nicht anders gehandelt haben. Aber das ändert letztlich nichts an der Tatsache, dass das Geschehene nicht mehr rückgängig gemacht werden kann. Es ist wie ein Stich ins Herz, wenn wir erkennen, dass wir die Möglichkeit, etwas zu ändern oder wiedergutzumachen, verloren haben. Es ist, als ob eine Tür vor uns zugeschlagen wurde und wir nun vor einer Wand stehen. Wir können nur nach vorne schauen und versuchen, mit den Konsequenzen unserer Entscheidungen zurechtzukommen. Manchmal kann dieses Gefühl der Unumkehrbarkeit auch eine Lektion sein. Es erinnert uns daran, wie wichtig es ist, gut abzuwägen und bewusste Entscheidungen zu treffen. Es lehrt uns Demut und zeigt uns unsere menschliche Begrenztheit.

Und doch bleibt dieses Gefühl der Endgültigkeit oft bestehen. Es nagt an unserem Gewissen und lässt uns darüber nachdenken, was hätte sein können. Wir müssen lernen, mit diesem Gefühl umzugehen und uns selbst zu verzeihen. Denn letztlich können wir die Vergangenheit nicht ändern, sondern nur aus ihr lernen und in der Gegenwart das Beste daraus machen. Es ist wichtig, sich bewusst zu machen, dass wir alle Fehler machen und dass es zum Leben gehört, mit den Konsequenzen umzugehen. Wir sollten uns nicht in Selbstvorwürfen verlieren, sondern nach vorne schauen und das Beste aus der Situation machen.

In Österreich und anderen europäischen Ländern gibt es leider viele Mütter und Väter, die ihr Kind nicht sehen dürfen. Diese Situation ist für alle Beteiligten äußerst schmerzhaft und belastend. Es gibt verschiedene Gründe, warum Mütter von ihren Kindern getrennt werden können. In manchen Fällen verliert die Mutter den Kontakt zu ihrem Kind aufgrund von familiären Konflikten oder Trennungen. In anderen Fällen können gerichtliche oder behördliche Entscheidungen dazu führen, dass eine Mutter das Sorgerecht für ihr Kind verliert oder nur eingeschränkten Zugang zu ihrem Kind hat.

Für diese Mütter, mit denen ich mich sehr verbunden fühle, ist das eine unvorstellbar schwierige Situation. Sie müssen – wie ich – mit dem Schmerz und der Trauer umgehen, ihr Kind nicht mehr sehen zu können. Es ist ein Verlust, der tief in die Seele schneidet und sie oft mit einem Gefühl der Leere zurücklässt. Auch für die

Kinder sind die Folgen der Trennung schwerwiegend. Sie vermissen ihre Mutter und leiden unter dem Verlust ihrer Liebe und Fürsorge. Die emotionale Bindung zwischen Mutter und Kind ist für die gesunde Entwicklung des Kindes von entscheidender Bedeutung. Wenn diese Bindung gestört oder unterbrochen wird, kann dies langfristige Auswirkungen auf das Wohlergehen des Kindes haben. Aber in manchen Ländern scheint nur zu gelten: Jeder gegen jeden.

Obwohl es in vielen Fällen gute Gründe dafür geben kann, dass einer Mutter der Zugang zu ihrem Kind eingeschränkt oder verwehrt wird, ist dies nicht immer der Fall. Beispielsweise kann das Kindeswohl gefährdet sein oder die Mutter ist nicht in der Lage, das Kind angemessen zu betreuen. Es gibt aber auch Situationen, in denen Mütter ungerecht behandelt werden und ihnen das Recht auf Umgang mit ihrem Kind absolut grundlos verweigert wird. In solchen Fällen, wie auch in unserem Fall, ist es wichtig, dass die betroffenen Mütter Unterstützung erhalten und sich für ihre Rechte einsetzen können. Es gibt verschiedene Organisationen und Initiativen, die sich für das Recht der Mütter, ihre Kinder zu sehen, einsetzen. Sie bieten Beratung, rechtliche Unterstützung und psychologische Hilfe an. Es ist wichtig, dass diese Ressourcen bekannt gemacht werden und betroffene Mütter wissen, wo sie wirkliche Hilfe finden können. Die Trennung von Mutter und Kind ist eine schmerzhafte Realität, mit der viele Frauen in Österreich und anderen europäischen Ländern konfrontiert sind. Es ist eine Situation, die Mitgefühl und Verständnis erfordert. Wir sollten uns bewusst machen, wie wichtig es ist, die Bindung zwischen Mutter und Kind zu schützen und zu fördern. Denn letztlich geht es um das Wohl des Kindes.

4.2 Trauer, Misshandlung und unendliches Bedauern

Es ist bedauerlich, dass es Situationen gibt, in denen Eltern darum bitten müssen, ihre Kinder sehen zu dürfen. Es ist auch traurig, dass sie darum bitten müssen, ihr Kind öfter sehen zu dürfen. Leider gibt es viele Menschen, die nicht einmal diese Möglichkeit haben. Die Sehnsucht und das Heimweh können niemandem genommen werden und das Geschehene kann nicht rückgängig gemacht werden.

Es ist verständlich, dass diese Eltern, wie viele andere und wir auch, eine neue Heimat suchen wollen. Es wäre gerecht, wenn diejenigen, die für diese unmenschlichen und ungerechtfertigten Taten verantwortlich sind, dafür sorgen müssten, dass eine Familie mit einem Kind ein neues Zuhause findet. Viele Eltern haben mir erzählt, dass ihnen Ähnliches widerfahren ist, als ihnen ihre Kinder weggenommen wurden. Die Botschaft der

Kinder ist klar: »Mama und Papa, ich will nach Hause zu euch, aber nicht zurück an den Ort, an dem mir das angetan wurde.« Eltern und Großeltern suchen oft verzweifelt nach einem neuen Zuhause, in dem kein Fremder mehr in die Privatsphäre der Familie eindringen kann. Viele haben jedoch nicht die finanziellen Mittel, um von heute auf morgen ein neues Zuhause zu schaffen. In solchen Fällen sind die Familien oft auf sich allein gestellt.

In Ländern wie Deutschland heißt eine Inobhutnahme oft, dass das Kind in eine Pflegefamilie verbracht wird, wo es dann sexuell misshandelt wird. Ein extra eingerichtetes Pädophilen-Programm des Jugendamtes in Berlin sah sexuellen Missbrauch von Kindern offiziell bis noch vor einigen Jahren als beste Möglichkeit zur Erziehung an. Mittlerweile gilt dies als Skandal, aber wohin die Kinder verbracht werden, bleibt eine willkürliche, staatliche Entscheidung, insbesondere wenn ein böser Wille gegen Kinder und Eltern besteht.

Die Aufarbeitung des schockierenden Programms, den Berlins Bildungssenatorin Sandra Scheeres als zynisch, menschenverachtend und ungeheuerlich bezeichnete, kommt nur schleppend voran. Bis Anfang der 2000er Jahre wurden Kinder und Jugendliche durch Jugendämter in die Obhut pädosexueller Täter gegeben. Diese Täter erhielten Pflegegeld und missbrauchten die ihnen anvertrauten Kinder. Das genaue Ausmaß des Skandals ist noch unklar. Es ist nicht bekannt, wie viele Täter beteiligt waren und wie viele Opfer es gab. Bisher sind ein verstorbener Täter und drei Opfer namentlich bekannt. Die Opfer berichten von körperlicher Gewalt und sexuellem Missbrauch, der bereits im Alter von sechs Jahren begann. Sie geben an, ihr Leben lang unter den Folgen des Missbrauchs zu leiden. Sie fühlen sich allein gelassen und haben Schwierigkeiten, wieder Fuß zu fassen.

Hauptverantwortlich für die Vermittlung von Pflegekindern an Pädophile war der inzwischen verstorbene Pädagogikprofessor Helmut Kentler. Er setzte sich für die Legalisierung von Sex mit Minderjährigen ein und war als Gutachter für den Berliner Senat und verschiedene Jugendämter tätig. Kentler hatte persönlichen Kontakt zu dem ebenfalls verstorbenen Sexualstraftäter Fritz H., der über viele Jahre der Pflegevater betroffener Kinder war.[11]

Aber auch heute noch gibt es oft Fälle, in denen Kinder zu Pflegeeltern gegeben werden, wo sie dann beispielsweise geschlagen werden und es ihnen viel schlechter als bei ihren leiblichen Eltern geht. Die Aufklärung dieses staatlich organisierten Missbrauchs ist von großer Bedeutung, um die Verantwortlichen zur Rechenschaft zu ziehen und solche schrecklichen Vorfälle in Zukunft zu verhindern. Es ist wichtig, dass alle Opfer Unterstützung erhalten und Maßnahmen zum Schutz des Kindeswohls ergriffen werden.

Dies erscheint als seltener Extremfall, von dem niemand hören will, eine angebliche Ausnahme in der ansonsten so heilen Welt, aber auch die unrechtmäßige, radikale Trennung von den Eltern, die für das Wohl und die Liebe des Kindes gesorgt hatten, kann tiefe psychische und emotionale Folgen bei einem Kind hervorrufen – allein schon aufgrund der Tatsache, dass es ihm zu Hause gut erging und es wieder dauerhaft dorthin möchte, sich nach Stabilität und Wärme sehnt, ihm dies jedoch nicht zugestanden wird. Letztendlich gibt es bei solchen Missständen keine Garantie dafür, dass das eigene Kind nicht zu einem Pädophilen verbracht wird. Kinder, die psychisch, emotional oder physisch misshandelt und gleichzeitig von ihren Eltern getrennt wurden, können lebenslange Schwierigkeiten haben. Diese traumatischen Erfahrungen können sich auf verschiedene Aspekte ihres Lebens auswirken. Misshandelte Kinder, die von ihren Eltern getrennt wurden, können unter starken emotionalen Problemen leiden. Sie können unter Angstzuständen, Depressionen, posttraumatischen Belastungsstörungen und anderen psychischen Störungen leiden. Die Trennung von den Eltern kann Verlustgefühle auslösen und das Vertrauen in andere Menschen erschüttern. Die Trennung von den Eltern kann dazu führen, dass psychisch und emotional durch staatliche Institutionen misshandelte Kinder Schwierigkeiten haben, gesunde Bindungen zu anderen

Menschen aufzubauen. Sie können Schwierigkeiten haben, Vertrauen aufzubauen und enge Beziehungen einzugehen. Dies kann sich auf ihre romantischen Beziehungen, Freundschaften und Arbeitsbeziehungen auswirken. Misshandelte Kinder können Verhaltensprobleme entwickeln, die sich in Aggressivität, Wutausbrüchen, impulsivem Verhalten oder selbstverletzendem Verhalten äußern können. Sie können auch Schwierigkeiten haben, ihre Gefühle angemessen zu regulieren und mit Stress umzugehen.

Die Trennung von den Eltern kann des Weiteren bei emotional und psychisch misshandelten Kindern zu Identitätsproblemen führen. Sie können Schwierigkeiten haben, eine eigene Identität zu entwickeln und ein positives Selbstbild aufzubauen. Sie können sich schuldig oder minderwertig fühlen und mit einem niedrigen Selbstwertgefühl kämpfen. Misshandelte Kinder, die von ihren Eltern getrennt wurden, können Schwierigkeiten in der Schule haben und ein niedrigeres Bildungsniveau erreichen. Dies kann sich auf ihre Berufschancen und ihre finanzielle Stabilität im Erwachsenenalter auswirken.

4.3 Die Verzweiflung der Kinder

Wenn in Österreich und Deutschland die Schule am ersten Tag für die Kinder der ersten Klasse beginnt und sie sich im folgenden Schulalltag wiederfinden, dann wird ihnen und ihren Familien schnell klar, was es bedeutet, in diesen Ländern zur Schule zu gehen. An die ersten Buchstaben der Kinder schreiben die Lehrerinnen, die schon wieder die Schule gewechselt haben, ein großes rotes »F« – und es gibt sofort ab dem ersten Schuljahr Hausaufgaben, anders als in anderen Ländern, wie den Niederlanden oder Spanien, in denen Kindern eine positive Aufmerksamkeit geschenkt wird und sie beispielsweise erst im Alter von 12 Jahren ihre ersten Hausaufgaben erledigen müssen. Auf diese Weise gehen diese Länder auf Nummer sicher, dass der Unterricht kindgerecht ist und Interesse für Bildung und die Entwicklung der eigenen Fähigkeiten weckt. In Deutschland, Österreich, aber auch beispielsweise in Frankreich, ist die Verzweiflung der Kinder aufgrund des Leistungsdrucks unendlich und führt laut Medienberichten sogar dazu, dass Kinder bereits in jungen Jahren vor Stress durch Kopfschmerzen geplagt sind.[12]

Als ob das alles nicht schon ausreichen würde, um das Leben zu einer Last zu machen, erhalten die Kinder und Eltern, die Unterstützung bräuchten das genaue Gegenteil: Diskriminierung, Psychoterror oder sogar eine Inobhutnahme, bei der die Eltern im Nachhinein vor vollendete Tatsachen gestellt werden. Die Eltern müssen dann zunächst einmal herausfinden, wo sich ihr Kind überhaupt befindet. Die Kinder und ihre Eltern werden in einen Zustand absoluter Verzweiflung gezwungen, häufig ohne triftigen Grund.

Absolute Verzweiflung ist ein Zustand tiefster Hoffnungslosigkeit und Ausweglosigkeit. Es ist ein Gefühl

intensiver emotionaler Belastung, das oft mit einem
Mangel an Perspektiven und einem Gefühl der Hilflosigkeit einhergeht. In diesem Zustand fühlt sich eine
Person von ihren Problemen oder Herausforderungen
völlig überwältigt und sieht keine Möglichkeit, diese zu
bewältigen oder zu überwinden. Menschen in absoluter
Verzweiflung können verschiedene Symptome zeigen.
Sie können sich emotional erschöpft fühlen und eine
tiefe Traurigkeit oder Niedergeschlagenheit erleben.
Sie können den Glauben an sich selbst und ihre Fähigkeiten verlieren und das Gefühl haben, dass nichts, was
sie tun, einen Unterschied machen wird. Dies kann zu
einem Rückzug aus sozialen Aktivitäten und Beziehungen führen. In extremen Fällen kann absolute Verzweiflung zu Selbstmordgedanken oder -handlungen
führen. Es ist wichtig zu betonen, dass es sich hierbei
um ein sehr ernstes Problem handelt, das sofortige Veränderung des Zustands erfordert, der diese negativen
Emotionen hervorgerufen hat.

Wenn ein Kind in Obhut genommen wird, dann
schreit und weint es in den neuen Räumlichkeiten um
seine Mutter, fragt nach ihr und äußert den Wunsch,
nach Hause zu gehen – aber die Schreie der Kinder
werden in Deutschland und Österreich schon lange
ignoriert. In diesen Ländern ist das Mitgefühl schon
lange ausgelöscht worden. Es gibt keine Traditionen
des sozialen Miteinanders, keine Kultur des Respekts,
der Wertschätzung und der gegenseitigen Unterstüt-

zung, obwohl diese Aspekte die Basis des gesellschaftlichen Miteinanders und Zusammenhalts bilden. Diese Werte werden in vielen Kulturen gefördert und spielen eine wichtige Rolle bei der Schaffung eines positiven Umfelds für Kinder.

Jede Gesellschaft zeugt von ihren eigenen Herausforderungen und Bereichen, in denen Verbesserungen notwendig sind. Es ist ein kontinuierlicher Prozess, diese Werte zu fördern und zu gewährleisten, dass das Wohl der Kinder immer im Mittelpunkt steht. Es ist unangemessen und ungerecht, pauschale Aussagen über eine ganze Gesellschaft oder Kultur zu treffen. Jede Gesellschaft hat ihre Stärken und Schwächen, und es ist wichtig, die positiven Aspekte anzuerkennen und gleichzeitig an den Bereichen zu arbeiten, in denen Verbesserungen notwendig sind.

Wir sollten uns darauf konzentrieren, das Wohlergehen der Kinder zu fördern und sicherzustellen, dass sie in einer sicheren und unterstützenden Umgebung aufwachsen können, ganz ohne Vorurteile und Kontrolle. Dies erfordert gemeinsame Anstrengungen von Familien, Gemeinschaften, Institutionen und der Gesellschaft als Ganzes. Zur Aufrechterhaltung des Zusammenhalts ist es notwendig, Missstände aufzuzeigen, wenn eine Gesellschaft besondere Probleme in einem bestimmten Bereich aufweist. In Österreich und Deutschland ist ein Mangel an Kinderrechten beispielsweise deutlich erkennbar.

4.4 Freiwillig oder unfreiwillig?

Aus moralischer Sicht besteht ein wichtiger Unterschied zwischen der freiwilligen Freigabe eines Kindes zur Adoption und der Inobhutnahme. Eine freiwillige Adoptionsfreigabe liegt vor, wenn sich die leiblichen Eltern bewusst dafür entscheiden, ihr Kind dauerhaft in die Obhut anderer Eltern zu geben. Dies kann aus verschiedenen Gründen geschehen, wie z. B. finanzielle Schwierigkeiten, unzureichende Ressourcen oder persönliche Umstände, die es den leiblichen Eltern schwer machen, für das Kind zu sorgen. Die Entscheidung zur Adoption wird in der Regel nach reiflicher Überlegung getroffen und beruht auf dem Wunsch, dem Kind eine bessere Zukunft zu ermöglichen.

Eine Inobhutnahme hingegen erfolgt in der Regel durch staatliche Behörden oder andere befugte Stellen, wenn das Wohl des Kindes gefährdet ist. Dies kann durch Vernachlässigung, Misshandlung oder andere Formen von Missbrauch geschehen. Die Inobhutnahme ist eine Schutzmaßnahme, die das Kind vor weiterem Schaden bewahren und sicherstellen soll, dass seine Grundbedürfnisse befriedigt werden.

Der moralische Unterschied zwischen beiden besteht darin, dass bei der freiwilligen Adoption die leiblichen Eltern aktiv die Verantwortung für ihr Kind abgeben und dabei das Wohl des Kindes im Mittelpunkt steht. Sie treffen diese Entscheidung aus Liebe und dem

Wunsch, ihrem Kind ein besseres Leben zu ermöglichen. Es ist eine schwierige Entscheidung, die oft mit Schmerz und Trauer, aber auch mit der Hoffnung auf eine positive Zukunft für das Kind verbunden ist. Bei der Inobhutnahme wird den Eltern das Kind unfreiwillig »weggenommen«. Zuweilen gleicht es einer Kindesentführung.

Während Kinder in Gerichtsprozesse verwickelt und durch zahlreiche Institutionen in die Probleme einbezogen werden, wird hier nicht ein einziges Mal gefragt, was sie – die Kinder, um die es doch primär gehen soll – eigentlich möchten. Ob sich die Kinder zu Hause tatsächlich nicht mehr wohlfühlen oder ob es ihnen »wirklich« nicht gut geht, wird in der Regel unzureichend geprüft. Es ist eine Zerreißprobe für Familien – auch aus moralischer Sicht.

Soll das tatsächlich die Art und Weise sein, mit der wir in unserer Gesellschaft miteinander umgehen? Jeder gegen jeden? Verschlossen und verbittert, hasserfüllt und frustriert, bis an unser Lebensende, weil wir es nie anders kennengelernt haben und es gegenseitig auf uns abgefärbt haben? Alles persönlich nehmen und für die Stimulierung des eigenen Egos Kinderseelen zerstören? Das Wohl eines Kindes ist sehr komplex und muss individuell betrachtet werden. Dabei sollten kleine Kinder nicht in die Probleme der Erwachsenen einbezogen werden. Situationen, in denen ein Gerichtsvertreter eine Mutter zu Hause »besuchen muss«, weil ein Richter versäumt hat, ihn vor Gericht zum Verhör eines Kleinkindes beizuziehen, sind nicht selten. Es ist ein Irrglaube, dass aus gesellschaftlichem Druck und Situationen des Zwangs positive Ergebnisse resultieren.

Viel zu häufig verkennen die Ämter und Institutionen, die für die Kinder da sein sollen, die jeweilige Situation eines Kindes. Dies führt zu mehr Gewalt, die das Kind erleben muss. In einem Fall forderte beispielsweise eine Mutter das Jugendamt dazu auf, begleiteten Umgang für den Kindesvater einzuführen, da dieser sie beinahe vor dem Kind umgebracht hatte. Das Jugendamt drängte die Mutter zu engerem Kontakt mit dem Kindesvater und zwang sie, die einstweilige Verfügung des Gerichts wieder aufzulösen. Dann holten sie das Kind mit dem Kindesvater zu Hause ab und sagten: »Bis später.« Die Mutter sah das Kind aber erst einmal nicht wieder und man teilte ihr am Telefon unter Androhung der Polizei an, sich nicht weiterhin für ihr Kind oder dessen Verbleib zu interessieren. Das Kind musste zunächst eine Nacht zur Hoch-Corona-Zeit im Hostel übernachten und wurde dann – über zwei Stunden Fahrt – entfernt von der Mutter untergebracht, gemeinsam mit dem Vater, der einfach irgendetwas über die Kindesmutter erfunden hatte, das die Ämter nicht überprüft hatten. Das Kind schrie die ganze Zeit nach seiner Mutter, wurde aber vollständig ignoriert.

Nach zehn Tagen durften sich Kind und Mutter sehen, aber nur außerhalb des Hauses, im Regen, auf einer Hollywood-Schaukel, wo sich beide fest drückten und weinten. Nach einem Monat Widerspruch durch die Anwältin durfte das Kind dann wieder nach Hause zu seiner Mutter. Das Kind war jedoch weiterhin unbegleitet mit dem Kindesvater unterwegs, wodurch es erleben musste, wie dieser einen anderen Mann blutig prügelte. Dies hätte man dem Kind mit Sicherheit ersparen können. Die Mutter wurde daraufhin monatelang, täglich, durch mehrere Familientherapeuten überprüft. Dadurch stellte sich heraus, wie perfekt sie sich rundum um ihr Kind, seine Gesundheit und Bildung kümmert.

Die Ratschläge einer Mutter-Kind-Kur nahm jene Kindesmutter nicht mehr an. Sie verließ mit ihrem Kind das Land, auf dass ihr Leben einen Urlaubsalltag mit dem notwendigen Respekt bilden würde. Wenn eine Mutter mit ihrem Kind in einem anderen Land ein neues Zuhause findet und einen Neuanfang wagt, ist dies oft mit einer Reihe von Herausforderungen verbunden. Der Umzug in ein anderes Land kann sowohl aufregend als auch beängstigend sein, da die Familie in eine unbekannte Umgebung eintaucht und sich an eine neue Kultur, Sprache und Lebensweise anpassen muss.

Eine der ersten Herausforderungen ist es, eine geeignete Unterkunft zu finden. Die Mutter muss möglicherweise eine Unterkunft suchen, die ihren Bedürfnissen und finanziellen Möglichkeiten entspricht. Dies kann bedeuten, dass sie sich mit dem lokalen Wohnungsmarkt vertraut machen muss und möglicherweise Unterstützung von Migrantenorganisationen oder lokalen Behörden benötigt. Ein weiterer wichtiger Aspekt ist die Integration in die neue Gesellschaft. Mutter und Kind müssen möglicherweise eine neue Sprache lernen, um sich im Alltag zurechtzufinden und Kontakte zu knüpfen. Dies erfordert Zeit, Geduld und möglicherweise den Besuch von Sprachkursen oder anderen Bildungseinrichtungen.

Auch die Arbeitssuche kann eine Herausforderung sein. Möglicherweise muss die Mutter ihre beruflichen Fähigkeiten an die Anforderungen des neuen Landes anpassen oder sogar einen völlig neuen Berufsweg einschlagen. Es kann hilfreich sein, sich bei der Arbeitssuche von Arbeitsvermittlungsstellen oder Migrantenorganisationen unterstützen zu lassen. Auch kulturelle Unterschiede und soziale Normen können eine Rolle spielen. Mutter und Kind müssen sich möglicherweise an neue Verhaltensweisen, Traditionen und Bräuche anpassen. Es kann hilfreich sein, lokale Gemeinschaftsgruppen oder Organisationen zu finden, die Unterstützung bei der Integration bieten und dabei helfen, sich in der neuen Umgebung wohl zu fühlen.

Trotz all dieser Herausforderungen bietet ein Neuanfang in einem anderen Land auch viele Chancen und Möglichkeiten. Mutter und Kind können von einer besseren Ausbildung, einem höheren Lebensstandard und einer sichereren Umgebung profitieren. Sie können neue Freundschaften schließen, ihren Horizont erweitern und ihre Talente entfalten. Der Prozess des Ankommens in einem neuen Land erfordert Zeit, Geduld, Anpassungsfähigkeit und die Bereitschaft, sich auf die neue Kultur einzulassen. Es kann auch hilfreich sein, die Unterstützung von lokalen Behörden, Migrantenorganisationen oder anderen Gemeinschaftsgruppen in Anspruch zu nehmen.

Ein solch radikaler Neuanfang kann eine lebensverändernde Erfahrung sein – aber diese Veränderung ist freiwillig. Es ist ein Schritt, der mit Unsicherheit und Risiko verbunden ist, aber auch die Chance bietet, alte Muster zu durchbrechen und ein erfüllteres Leben zu führen. Die Bedeutung eines radikalen Neuanfangs liegt darin, dass er uns die Chance gibt, uns von den Begrenzungen und Belastungen der Vergangenheit zu befreien. Oft sind wir in Gewohnheiten, Beziehungen oder Lebensumständen gefangen, die uns unglücklich machen oder uns daran hindern, unser volles Potenzial auszuschöpfen.

Ein radikaler Neuanfang ermöglicht es uns, diese Fesseln abzulegen und einen neuen Weg einzuschlagen. Ein solcher Neubeginn kann verschiedene Formen annehmen. Er kann bedeuten, einen unbefriedigenden Job aufzugeben und eine neue Karriere anzustreben, eine giftige Beziehung zu beenden oder sogar den Wohnort zu wechseln. Es geht darum, bewusst Entscheidungen zu treffen, die unserem wahren Selbst entsprechen und uns auf unserem individuellen Lebensweg voranbringen. Ein radikaler Neuanfang erfordert oft Mut und Entschlossenheit. Er bedeutet, die Komfortzone zu verlassen und sich auf Unbekanntes einzulassen. Das kann Ängste und Zweifel auslösen, aber auch ein Gefühl von Freiheit und Aufregung. Indem wir uns dem Unbekannten stellen und unsere Grenzen erweitern, können wir persönliches Wachstum erfahren und neue Möglichkeiten entdecken. Ein Neubeginn ermöglicht es uns auch, unsere eigenen Werte und Prioritäten neu zu definieren. Oft sind wir gefangen in den Erwartungen der Gesellschaft oder den Vorstellungen anderer und verlieren den Kontakt zu unseren eigenen Bedürfnissen und Träumen. Ein Neuanfang gibt uns die Möglichkeit, uns selbst besser kennen zu lernen und bewusste Entscheidungen zu treffen, die im Einklang mit unseren innersten Wünschen stehen.

Aber was ist, wenn das eigene Land nicht bei der Veränderung mitmacht und den Kindern der Schulbesuch nur in einem anderen Land Freude bereitet, weil im »eigenen« Land nicht auf die individuellen Bedürfnisse der Kinder eingegangen wird? Das Leben in einem anderen Land, in anderen, neuen Institutionen kann wie eine »Gruppentherapie« wirken, wenn im Herkunftsland regelrecht feindliche Strukturen herrschten und Menschen über jedes Maß hinaus sogar von ihren Liebsten getrennt wurden. Ein Neuanfang ist eine mögliche Lösung.

5. Mögliche Lösungen

Werden Menschen gegen ihren Willen von ihren Liebsten getrennt und dürfen sie nicht wiedersehen, dann kann sich dies auf die Personen als ein großer Verlust auswirken, ähnlich eines Todesfalls oder einer Situation, aus der es außer dem Tod keinen Ausweg mehr zu geben scheint, während es gleichzeitig am wichtigsten ist, stark und positiv zu bleiben, um die schlimme Situation zu verbessern. Einen Verlust zu erleben, kann eine sehr schwierige und schmerzhafte Erfahrung sein. Jeder Mensch trauert anders und es gibt keine Patentlösung für die Bewältigung eines Verlustes. Dennoch gibt es einige mögliche Ansätze und Strategien, die helfen können, den Heilungsprozess zu unterstützen. Der erste Schritt ist, den Verlust zu erkennen und zu akzeptieren. Es ist wichtig, sich bewusst zu machen, dass Trauer ein natürlicher Teil des Lebens ist und dass es normal ist, sich in dieser Zeit traurig und verletzt zu fühlen. Es kann sehr hilfreich sein, sich mit anderen Menschen auszutauschen und emotionale Unterstützung zu suchen. Dies können Freunde, Familienmitglieder oder auch professionelle Therapeuten sein.

Das Teilen von Gefühlen und Erinnerungen kann helfen, den Schmerz zu lindern und neue Perspektiven zu gewinnen.

In Zeiten des Verlustes neigen viele Menschen dazu, sich selbst zu vernachlässigen. Es ist jedoch wichtig, auf sich selbst zu achten und sich Zeit für Ruhe und Entspannung zu nehmen. Das kann bedeuten, regelmäßig Sport zu treiben, sich gesund zu ernähren oder sich mit Dingen zu beschäftigen, die einem Freude bereiten. Rituale können helfen, den Verlust zu verarbeiten und Abschied zu nehmen. Das kann zum Beispiel das Schreiben eines Briefes oder eines Tagebuchs sein, was ich dann auch tat. Diese Rituale können helfen, den Verlust zu akzeptieren und neue Wege der Erinnerung zu finden. Der Heilungsprozess nach einem Verlust braucht Zeit. Es ist wichtig, sich diese Zeit zu geben und nicht zu erwarten, dass man sofort über den Verlust hinweg ist. Dazu kommt die Hoffnung, das immer wieder vergeblich gehegte Vertrauen, das Kind in naher Zukunft wieder kontinuierlich in die Arme schließen und einen normalen Alltag haben zu dürfen, wie in der Regel jeder andere Mensch auch.

Aber in unserem Fall wurden die zwischenmenschlichen und rechtlichen Regeln abgeschafft. Es schien, als bestünde das Hauptziel lediglich in einer permanenten Beurteilung, was an uns als Familie oder im Einzelfall schlecht sei und es weiterhin zu bewerten galt. Ich frage mich noch heute, ob wir jemals aus diesem Teufelskreis der äußeren Bewertung herauskommen werden.

Diese Situation des Teufelskreises, in der wir gefangen zu sein schienen und immer wieder in die gleichen negativen Muster gerieten, bestand aus negativen Gedanken, Verhaltensweisen oder Beziehungen, die uns daran hinderten, uns weiterzuentwickeln und ein erfülltes Leben zu führen. Aber es gibt Wege, aus diesem Teufelskreis auszubrechen. Der erste Schritt besteht darin, sich bewusst zu machen, dass man sich in einem Teufelskreis befindet. Ich nahm mir also Zeit, um über meine Gedanken, Gefühle und Handlungen nachzudenken. Ich fragte mich, welche Muster immer wieder auftauchen und was dazu beiträgt, dass wir in diesem Kreislauf gefangen sind. Negative Gedanken können einen Teufelskreis verstärken. Daher versuchte ich bewusst, meine Denkmuster zu verändern und positive Gedanken zu kultivieren.

Es ist wichtig zu erkennen, dass man – trotz allem – nicht alleine ist. Ich suchte Unterstützung bei Freunden, Familie und professionellen Therapeuten. Ich meine die Personen, die mir wirklich helfen und mich nicht erst anzeigen, um mir dann mitzuteilen, ich solle die Hilfe nicht abweisen und die Fehler bei mir suchen. Diese – im Gegensatz dazu – ehrlichen, verantwortungsbewussten Personen an wenigen Freunden, Familie und Therapeuten halfen mir, neue Perspektiven zu gewinnen und Strategien zu entwickeln, um die Herausforderungen zu meistern. Um aus dem Teufelskreis auszubrechen, ersetzte ich alte Gewohnheiten durch neue, positive. Ich identifizierte die Verhaltensweisen, die uns in den Teufelskreis führen, und versuchte, Alternativen zu finden. Obwohl mir einige Personen es heute noch schwer machen, kreierte ich neue Routinen und setze mir klare Ziele, um die Fortschritte zu verfolgen. Mir war klar, dass dieser Prozess insgesamt Geduld und Ausdauer erfordern würde – und ich blieb stark. Es half jedoch nichts: Sandro durfte nicht nach Hause. Ich frage mich noch immer, ob es die richtige Entscheidung war, dass Sandro während der Zeit seiner Ausbildung nicht nach Hause kommen darf. Ich bin immer noch der Meinung, dass es kein Problem für ihn sein würde. Ein gutes Beispiel ist die Zusammenarbeit mit der Volksschule, die Sandro gefördert hatte. Wer stellt das Vergangene wieder richtig? Wer flickt unser Herz wieder zusammen, das in tausend Stücke zerbrochen ist? Es gibt Dinge, die können nicht wieder gut gemacht werden. Es ist dann schwierig, neues Vertrauen zu fassen. Zerstörtes Vertrauen kann eine der schwierigsten Herausforderungen in zwischenmenschlichen Beziehungen sein. Es kann zu tiefen emotionalen Verletzungen führen und das Fundament einer Beziehung erschüttern. Obwohl es möglich ist, Vertrauen wieder aufzubauen, gibt es Situationen, in denen zerstörtes Vertrauen nicht vollständig wiederhergestellt werden kann. Wenn Vertrauen durch schwerwiegende Vorfälle wie Betrug, Verrat oder Missbrauch zerstört wurde, kann es sehr schwierig sein, es wiederherzustellen. Solche Taten können tiefe emotionale Narben hinterlassen und das Gefühl von Sicherheit und Verlässlichkeit nachhaltig beeinträchtigen. Wenn Vertrauen wiederholt enttäuscht wird und die gleichen Muster von Fehlverhalten auftreten, kann dies dazu führen, dass Vertrauen nicht mehr wiederhergestellt werden kann. Wiederholte Enttäuschungen können dazu führen, dass die betroffene Person den Glauben daran verliert, dass sich die andere Person ändern wird.

Um Vertrauen wieder aufzubauen, ist es wichtig, dass die Person, die das Vertrauen gebrochen hat, echtes Bedauern und Reue zeigt. Ohne Einsicht und Bereitschaft zur Veränderung wird es jedoch schwierig sein, das Vertrauen wiederherzustellen. Ohne eine glaubwürdige Entschuldigung und den Willen, an der Beziehung zu arbeiten, wird das Vertrauen beschädigt bleiben. Um Vertrauen wieder aufzubauen, ist es wichtig, dass beide Parteien offen und ehrlich miteinander kommunizieren. Wenn jedoch eine der beteiligten Personen nicht bereit ist, über ihre Handlungen oder Gefühle zu sprechen, oder Informationen zurückhält, wird dies die Wiederherstellung des Vertrauens erschweren.

Um Vertrauen wiederherzustellen, ist es wichtig, dass die Person, die das Vertrauen gebrochen hat, echtes Bedauern und Reue zeigt. Ohne Einsicht und den Willen zur Veränderung wird es jedoch schwierig sein, das Vertrauen wiederherzustellen. Ohne eine glaubwürdige Entschuldigung und den Willen, an der Beziehung zu arbeiten, wird das Vertrauen beschädigt bleiben. Um

Vertrauen wieder aufzubauen, ist es wichtig, dass beide Parteien offen und ehrlich miteinander kommunizieren. Wenn jedoch eine der beteiligten Personen nicht bereit ist, über ihre Handlungen oder Gefühle zu sprechen, oder Informationen zurückhält, wird dies die Wiederherstellung des Vertrauens erschweren. Jeder Mensch hat individuelle Grenzen und Bedürfnisse in Bezug auf Vertrauen. Es kann vorkommen, dass eine Person nach einem Vertrauensbruch feststellt, dass ihre persönlichen Grenzen überschritten wurden und sie nicht mehr bereit ist, der anderen Person erneut zu vertrauen. In solchen Fällen kann es schwierig sein, das Vertrauen wiederherzustellen, da die betroffene Person ihre eigenen Bedürfnisse und Grenzen schützen muss.

Familien und Mütter können dafür sorgen, dass ihre Kinder in einer sicheren Umgebung aufwachsen, indem sie geeignete Sicherheitsvorkehrungen treffen. Dazu gehören die Sicherung des Hauses, die Vermeidung gefährlicher Situationen und die Aufklärung über mögliche Risiken. Mütter sollten auch dafür sorgen, dass ihre Kinder gesund bleiben, indem sie ihnen eine ausgewogene Ernährung bieten, regelmäßige Arztbesuche ermöglichen und sie vor körperlicher Misshandlung oder Vernachlässigung schützen. Mütter spielen eine wichtige Rolle bei der Förderung der emotionalen Gesundheit ihrer Kinder. Sie können ein unterstützendes und liebevolles Umfeld schaffen, in dem sich ihre Kinder sicher fühlen und ihre Gefühle ausdrücken können. Mütter sollten auf die Bedürfnisse ihrer Kinder eingehen, ihnen zuhören und ihnen helfen, mit Stress und emotionalen Herausforderungen umzugehen. Sie sollten auch dafür sorgen, dass ihre Kinder vor Mobbing und anderen Formen emotionaler Gewalt geschützt sind. Zudem können Mütter ihren Kindern helfen, sich vor negativen Einflüssen hinsichtlich der Bildung und intellektuellen Entwicklung zu schützen. Dazu gehört die Auswahl qualitativ hochwertiger Bildungsressourcen wie Bücher, Filme und Spiele, die den Werten und Interessen der Familie entsprechen. Mütter können auch sicherstellen, dass ihre Kinder Zugang zu guter Bildung haben, und sie ermutigen, kritisches Denken und Medienkompetenz zu entwickeln, um sich vor Fehlinformationen oder schädlichen Inhalten zu schützen. Mütter können ihren Kindern helfen, soziale Kompetenzen zu entwickeln und sie vor negativen sozialen Einflüssen zu schützen. Sie können ihnen beibringen, wie man gesunde Beziehungen aufbaut, Konflikte löst und Grenzen setzt. Außerdem sollten Familien und Mütter auch darauf achten, ihre Kinder vor Mobbing oder Ausgrenzung zu schützen und ihnen helfen, ein positives Selbstwertgefühl aufzubauen. Wird jedoch Macht auf eine Familie oder eine Mutter ausgeübt und man entzieht ihr das Recht, für ihr Kind zu sorgen, gilt es, mögliche Lösungen zu finden.

In einigen Fällen können Mütter aufgrund ihres Familienstandes, ihrer sozialen oder wirtschaftlichen Situation stigmatisiert oder mit Vorurteilen konfrontiert werden. Dies kann zu Ungerechtigkeiten führen und ihre emotionale sowie psychische und in der Folge die körperliche Gesundheit belasten.

Es ist daher wichtig, dass Einrichtungen, wie Schulen und Ämter, Maßnahmen ergreifen, um die Bedürfnisse von Müttern angemessen zu berücksichtigen und ein unterstützendes Umfeld zu schaffen. Dies kann den Aufbau einer vertrauensvollen Beziehung, eine klare Kommunikation und den Zugang zu Ressourcen beinhalten. Darüber hinaus sollte das Personal in diesen Einrichtungen geschult werden, um Einfühlungsvermögen und Sensibilität für die individuellen Bedürfnisse der Mütter zu entwickeln.

Häufig wird argumentiert, dass sich die Institutionen nun einmal um die Kinder – und nicht um die Eltern – kümmern. Es ist jedoch von wichtiger Bedeutung, mit den Eltern zu interagieren und zu kooperieren, denn nur die Eltern wissen am besten über ihr Kind Bescheid und können in schwierigen Situationen aktiv dabei behilflich sein, die bestmögliche Lösung für das Kind und alle beteiligten Personen zu erreichen. Es ist wichtig, anzuerkennen, dass eine enge Zusammenarbeit und Interaktion mit den Eltern unerlässlich ist, um das Wohl des Kindes zu gewährleisten. Die Eltern kennen ihr Kind am besten und verfügen über wichtige Informationen und Einblicke in seine Bedürfnisse, Gefühle, Vorlieben und Herausforderungen.

Durch die Förderung einer aktiven Zusammenarbeit mit den Eltern können Institutionen wie Schulen oder Behörden sicherstellen, dass alle relevanten Informationen berücksichtigt werden und Entscheidungen im besten Interesse des Kindes getroffen werden. Eltern können wertvolle Einblicke in die individuellen Bedürfnisse ihres Kindes geben, sei es in Bezug auf seine Lernfähigkeiten, seine sozialen Interaktionen oder seine emotionalen Bedürfnisse. Diese Informationen sind für Pädagog/-innen und Fachkräfte von unschätzbarem Wert, um wirksame Unterstützung und Interventionen anbieten zu können.

Darüber hinaus können Eltern in schwierigen Situationen aktiv dazu beitragen, Lösungen zu finden, die sowohl dem Kind als auch allen Beteiligten zugutekommen. Sie können ihre Erfahrungen und Perspektiven einbringen und mit den Institutionen zusammenarbeiten, um die bestmögliche Lösung zu finden. Dies kann zum Beispiel bei der Entwicklung eines individuellen Förderplans für ein Kind mit besonderen Bedürfnissen oder beim Umgang mit Verhaltensproblemen in der Schule hilfreich sein. Die Zusammenarbeit mit den Eltern stärkt auch die Beziehung zwischen den Institutionen und den Familien. Eine offene und respektvolle Kommunikation schafft Vertrauen und ermöglicht einen konstruktiven Austausch. Dies wiederum kann dazu beitragen, dass sich Eltern unterstützt und gehört fühlen, was sich positiv auf ihre emotionale Gesundheit und auf den gegenseitigen Respekt auswirkt.

Einrichtungen, die Kinder betreuen, sind oft mit begrenzten Ressourcen und Herausforderungen konfrontiert – dennoch sollte die Zusammenarbeit mit den Eltern als Priorität angesehen werden, da sie einen entscheidenden Beitrag zum Wohlergehen des Kindes leisten können. Durch die Anerkennung der Bedeutung der Eltern-Kind-Beziehung und die Förderung einer kooperativen Partnerschaft können Institutionen sicherstellen, dass alle Beteiligten zusammenarbeiten, um das Beste für das Kind zu erreichen.

5.1 Ein mögliches Ende der initiierten Krise

Es ist äußerst bedauerlich, wenn Institutionen, die vorgeben zu helfen, stattdessen Familien zerstören und ihnen schreckliche Dinge antun. In solchen Fällen kann das Vertrauen in diese Institutionen schwer erschüttert werden und die betroffenen Familien können erheblichen Schaden nehmen. Institutionen, die Unterstützung und Hilfe anbieten sollen, dürfen ihre Macht nicht missbrauchen. Es ist wichtig, dass sie ihre Verantwortung ernst nehmen und sicherstellen, dass ihre Handlungen im besten Interesse der Familien sind.

Machtmissbrauch kann zu einer weiteren Traumatisierung der betroffenen Familien führen und das Vertrauen in solche Institutionen nachhaltig erschüttern.

Wenn Institutionen ihre Handlungen nicht transparent machen oder für ihr Verhalten keine Rechenschaft ablegen, ist es schwierig, Vertrauen wiederherzustellen. Es ist wichtig, dass Institutionen offen kommunizieren und den betroffenen Familien die Möglichkeit geben, ihre Anliegen vorzubringen und gehört zu werden. Jede Familie ist einzigartig und hat ihre eigenen Bedürfnisse. Die zuständigen Institutionen sollten dies berücksichtigen und sicherstellen, dass ihre Maßnahmen auf die spezifischen Umstände der betroffenen Familien zugeschnitten sind. Wenn Institutionen nicht sensibel auf die Bedürfnisse und Wünsche der Familien eingehen, können sie weiteren Schaden anrichten und Vertrauen zerstören.

Institutionen sollten nicht nur darauf abzielen, Probleme zu lösen, sondern auch Unterstützungssysteme anbieten, um Familien bei der Bewältigung von Herausforderungen zu helfen. Wenn Institutionen keine angemessene Unterstützung bieten oder die betroffenen Familien sich selbst überlassen, kann dies zu weiterer Instabilität und zum Auseinanderbrechen der Familien führen. Die Auswirkungen schädigenden Verhaltens seitens der Institutionen können langfristig sein und das Wohlergehen der betroffenen Familien beeinträchtigen. Es ist wichtig, dass Institutionen die möglichen Folgen ihres Handelns erkennen und Maßnahmen ergreifen, um den Schaden zu minimieren und die betroffenen Familien angemessen zu unterstützen. In solchen Situationen ist es wichtig, dass die betroffenen Familien Unterstützung suchen und ihre Rechte wahrnehmen. Es kann hilfreich sein, professionelle Beratung oder rechtlichen Beistand in Anspruch zu nehmen, um angemessen auf den erlittenen Schaden zu reagieren. Zudem ist es wichtig, dass solche Vorfälle gemeldet und veröffentlicht werden, damit die Institutionen zur Verantwortung gezogen werden können und die notwendigen Veränderungen vorgenommen werden können, um ähnliche Situationen in Zukunft zu vermeiden. Es ist eine traurige Tatsache, dass eine Krise in einer Familie manchmal von außen ausgelöst wird, obwohl es gar keine Krise geben müsste. Es gibt verschiedene Faktoren, die dazu führen können, dass eine Familie ungewollt in eine schwierige Situation gerät.

Ein solcher Faktor kann zum Beispiel der Verlust des Arbeitsplatzes sein. Wenn ein Elternteil plötzlich arbeitslos wird und finanzielle Schwierigkeiten entstehen, kann dies zu Spannungen in der Familie führen. Die Sorge um die Zukunft und die Unsicherheit über die finanzielle Stabilität können zu Konflikten und Stress führen, auch wenn die Familie vorher harmonisch war. Eine weitere Möglichkeit ist der Einfluss von Freunden oder Nachbarn. Manchmal können negative Einflüsse von außen dazu führen, dass Familienmitglieder ihre Prioritäten ändern oder sich von ihren Werten abwenden.

Dies kann zu Konflikten innerhalb der Familie führen, da unterschiedliche Meinungen und Lebensstile aufeinander prallen. Es ist auch möglich, dass Nachbarn, die zuvor noch freundlich erschienen, plötzlich ihr »wahres Gesicht« zeigen – einfach aus Hass auf die Mutter, weil sie beispielsweise selbst noch keine Kinder haben.

Auch gesellschaftliche Erwartungen und Normen können eine Rolle spielen. Wenn eine Familie nicht den gängigen Vorstellungen entspricht oder bestimmte Erwartungen nicht erfüllt, kann dies zu einem Gefühl der Krise führen. Druck von außen, sei es durch die Medien oder soziale Netzwerke, kann dazu führen, dass sich Familienmitglieder unzulänglich oder unzureichend fühlen. Es ist wichtig zu erkennen, dass diese äußeren Einflüsse nicht immer gerechtfertigt sind und nicht notwendigerweise zu einer echten Krise führen. Es ist wichtig, dass die Familienmitglieder miteinander kommunizieren und ihre Gefühle und Sorgen austauschen. Durch offene Gespräche können Missverständnisse geklärt und Konflikte gelöst werden. Es kann auch hilfreich sein, professionelle Unterstützung in Anspruch zu nehmen, zum Beispiel eine Familientherapie. Eine neutrale dritte Person kann helfen, die Situation objektiv zu betrachten und Lösungen zu finden. Diese Person bringt positive Eigenschaften mit, die helfen können, die Familie wieder auf einen harmonischen Weg zu bringen.

Eine der wichtigsten Eigenschaften einer neutralen dritten Person ist ihre Objektivität. Sie steht außerhalb der Familiendynamik und kann daher die Situation unvoreingenommen und neutral betrachten. Dadurch ist sie in der Lage, verschiedene Perspektiven einzunehmen und alle Standpunkte anzuhören, ohne voreilige Schlüsse zu ziehen. Diese Objektivität ermöglicht es ihr, eine ausgewogene Sichtweise zu entwickeln und Lösungen zu finden, die für alle Familienmitglieder akzeptabel sind.

Darüber hinaus zeichnet sich eine neutrale dritte Person durch Empathie aus. Sie ist einfühlsam und versteht die Gefühle und Bedürfnisse jedes einzelnen Familienmitglieds. Durch ihr Einfühlungsvermögen schafft sie eine Atmosphäre des Vertrauens, in der sich alle Familienmitglieder sicher fühlen, ihre Gefühle offen zu äußern. Dies ermöglicht es der neutralen dritten Person, tiefer liegende Probleme zu erkennen und individuelle Unterstützung anzubieten.

Eine weitere positive Eigenschaft ist ihre Kommunikationsfähigkeit. Eine neutrale dritte Person verfügt über ausgeprägte kommunikative Fähigkeiten und kann effektiv zwischen den Familienmitgliedern vermitteln. Sie fördert einen respektvollen Dialog und stellt sicher, dass alle Stimmen gehört werden. Durch ihre kommunikativen Fähigkeiten kann sie auch helfen, Missverständnisse zu klären und Konflikte zu lösen. Neben diesen Eigenschaften ist eine neutrale dritte Person auch in der Lage, Lösungsansätze zu entwickeln und umzusetzen. Sie kann gemeinsam mit der Familie Strategien erarbeiten, um mit den äußeren Einflüssen umzugehen und die familiäre Situation zu verbessern. Ein Anwalt kann eine solche neutrale dritte Person sein und helfen, die »Fremdunterbringung« zu beenden.

Das Wort »fremd« in »Fremdunterbringung« bezieht sich auf die vorübergehende oder dauerhafte Unterbringung von Kindern außerhalb ihrer leiblichen Familie. Diese Unterbringung kann verschiedene Formen annehmen, z. B. in Pflegefamilien, Heimen oder anderen Betreuungseinrichtungen. Das Gefühl, sich fremd zu fühlen oder fremd zu sein, ist ein komplexes Phänomen, das sowohl individuelle als auch soziale Aspekte umfasst. Es bezieht sich auf das Gefühl des Unbehagens, der Isolation oder der Nichtzugehörigkeit zu einer bestimmten Umgebung oder Gemeinschaft.

Ein sozialer Aspekt des Gefühls des Fremdseins wird beispielsweise dadurch gebildet, dass jemand in einer neuen Gemeinschaft lebt und Schwierigkeiten hat, soziale Bindungen zu knüpfen oder akzeptiert zu werden. Auch Diskriminierung, Vorurteile und Ausgrenzung, wie im Fall von Sandro, können dazu führen, dass sich Menschen fremd und nicht in die Gesellschaft integriert fühlen. Das Gefühl, fremd zu sein oder sich fremd zu fühlen, kann erhebliche Auswirkungen auf das individuelle Wohlbefinden haben. Es kann zu Stress, Angstzuständen, Depressionen und einem geringen Selbstwertgefühl führen. Menschen, die sich fremd fühlen, können Schwierigkeiten haben, Beziehungen aufzubauen und ein erfülltes soziales Leben zu führen. Das

Gefühl, isoliert zu sein und nicht dazuzugehören, kann auch das psychische und physische Wohlbefinden beeinträchtigen.

Die Fremdunterbringung von Kindern kann verschiedene Auswirkungen auf ihr Wohlergehen und ihre Entwicklung haben. Die Fremdunterbringung bedeutet für Kinder eine Trennung von ihrer leiblichen Familie. Dies kann mit starken emotionalen Belastungen verbunden sein, da sie ihre vertraute Umgebung, ihre Eltern und Geschwister verlassen müssen. Die Trennung kann Gefühle von Verlust, Trauer und Verlassenheit auslösen.

In der Fremdunterbringung müssen sich die Kinder an eine neue Umgebung und neue Bezugspersonen gewöhnen. Dies erfordert Zeit und Mühe, um Vertrauen aufzubauen und sich in der neuen Situation zurechtzufinden. Dieser Anpassungsprozess kann für manche Kinder schwierig sein und zu Unsicherheit und Angst führen. Ein stabiles und kontinuierliches Umfeld ist wichtig für das Wohlergehen von Kindern. In der Fremdunterbringung kann es jedoch zu häufigen Wechseln der Pflegefamilie oder der Betreuungseinrichtung kommen, was zu Unsicherheit und Instabilität führen kann. Mangelnde Kontinuität kann die emotionale und soziale Entwicklung von Kindern beeinträchtigen.

Die Fremdunterbringung kann sich auf die Bindungsfähigkeit der Kinder auswirken. Sie müssen neue Bindungen zu ihren Pflegeeltern oder Betreuern aufbauen und gleichzeitig ihre Bindungen zur leiblichen Familie aufrechterhalten oder verarbeiten. Dies kann zu Konflikten und Verwirrung führen und die Fähigkeit des Kindes, stabile Beziehungen einzugehen, beeinträchtigen. Fremdunterbringung, insbesondere wenn sie vom Kind nicht gewünscht wird, kann langfristige Auswirkungen auf das Leben des Kindes haben. Studien zeigen, dass Kinder in Fremdunterbringung ein erhöhtes Risiko für psychische Probleme, Verhaltensauffälligkeiten, Bildungsdefizite und eine geringere Lebenszufriedenheit haben können. Es ist wichtig, dass angemessene Unterstützung und Interventionen bereitgestellt werden, um diese Risiken zu minimieren und das Wohlergehen der Kinder zu fördern.

Die Beendigung der Fremdunterbringung ist ein wichtiger Schritt zur Reintegration des Kindes in seine Familie. Um eine Fremdunterbringung in Österreich beenden zu können, müssen einige Voraussetzungen erfüllt sein. Die familiäre Situation muss nachweislich stabil und sicher sein. Dies bedeutet, dass die Eltern in der Lage sind, für das Wohl des Kindes zu sorgen und ihm ein sicheres Zuhause zu bieten. Dabei spielen Faktoren wie Wohnverhältnisse, finanzielle Stabilität und emotionale Unterstützung eine Rolle.

Die Eltern sind des Weiteren dazu verpflichtet, nachzuweisen, dass sie in der Lage sind, das Kind angemessen zu erziehen und seinen Bedürfnissen gerecht zu werden. Dazu gehört die Fähigkeit, eine emotionale Bindung aufzubauen, die Entwicklung des Kindes zu fördern und

Konflikte positiv zu bewältigen. Dass wir diese Fähigkeiten haben, hatten wir mehrfach bewiesen.

Die Eltern müssen zudem bereit sein, mit dem Jugendamt zusammenzuarbeiten und an den vereinbarten Maßnahmen zur Verbesserung der familiären Situation mitzuwirken. Dazu können Beratungs- oder Therapieangebote sowie regelmäßige Treffen mit dem Jugendamt zur Überprüfung der Fortschritte gehören. Das Wohl des Kindes steht immer im Mittelpunkt. Die Inobhutnahme kann nur beendet werden, wenn das Kind in der Familie nachweislich sicher und gut versorgt ist. Das Jugendamt muss daher die Situation sorgfältig prüfen und sicherstellen, dass das Kind keiner Gefährdung oder Vernachlässigung ausgesetzt ist.

Aber in unserem Fall war alles ganz anders verlaufen. Eine andere Mutter, die sich von ihrem Partner getrennt hatte und sich nun alleine um ihren Sohn kümmerte, hatte ihr Kind nach einem Monat mit Hilfe ihrer Anwältin aus der Inobhutnahme «befreit». Ihre Anwältin hatte ihr unter vier Augen verdeutlicht, dass es sich um eine »Schikane des Jugendamts« handelt. Es ist bedauerlich, dass es Fälle gibt, in denen Eltern, insbesondere Mütter, Belästigungen durch das Jugendamt ausgesetzt sind. Dies ist nicht die Erfahrung aller Eltern und es gibt auch viele engagierte und professionelle Mitarbeiterinnen und Mitarbeiter im Jugendamt, die ihr Bestes tun, um das Wohl der Kinder zu schützen – dennoch gibt es Situationen, in denen Eltern das Gefühl haben, ungerecht behandelt oder schikaniert zu werden. Dies kann verschiedene Formen annehmen, wie z. B. übermäßige Kontrollen, unangemessene Anschuldigungen oder einseitige Voreingenommenheit gegenüber einem bestimmten Elternteil.

Das Jugendamt hat die Aufgabe, das Wohl des Kindes zu schützen und sicherzustellen. In einigen Fällen kann es notwendig sein, dass das Jugendamt eingreift und Maßnahmen ergreift, um das Kind vor Vernachlässigung oder Missbrauch zu schützen. Dies sollte jedoch immer auf einer fairen und objektiven Beurteilung der Situation beruhen. Wenn Eltern das Gefühl haben, ungerecht behandelt oder schikaniert zu werden, gibt es einige Schritte, die sie unternehmen können. Es ist notwendig, alle Ereignisse und die Kommunikation mit dem Jugendamt genau festzuhalten. In diesem Kontext ist es von essentieller Bedeutung, Datum, Uhrzeit und eine Beschreibung der Vorfälle sowie alle relevanten Informationen zu notieren. Wenn Sie das Gefühl haben, ungerecht behandelt worden zu sein, können Sie eine formelle Beschwerde beim Jugendamt einreichen. Informieren Sie sich in den Richtlinien und Verfahren Ihres Landes oder Ihrer Region, wie Sie am besten vorgehen.

5.2 Der beste Anwalt

Nachdem der Fall der Inobhutnahme eingetreten war, stellte ich mir oft die Frage, ob ich richtig gehandelt hatte, auch hinsichtlich der Auswahl des besten Anwalts. Nun, nach einem halben Jahr, ist mir klar, dass ich hätte darauf achten müssen, dass der Anwalt über außergewöhnliche juristische Fähigkeiten verfügt, denn Empathie und ein Sinn für Gerechtigkeit reichen nicht aus, um die Interessen von Mandant/-innen auf professionelle Weise durchzusetzen. Als Rechtsbeistand unterliegt ein Anwalt der Schweigepflicht und ist verpflichtet, alle Informationen vertraulich zu behandeln. Dies schafft eine sichere Umgebung, in der die Familienmitglieder ihre Sorgen und Ängste offen aussprechen können. Sie können sicher sein, dass ihre Privatsphäre gewahrt bleibt und sie ohne Angst über ihre Situation sprechen können. Weiterhin verfügt ein Anwalt über ausgeprägte kommunikative Fähigkeiten. Er ist in der Lage, effektiv zwischen den Familienmitgliedern und den Institutionen zu vermitteln und einen respektvollen Dialog zu fördern. Durch seine kommunikativen Fähigkeiten kann er dazu beitragen, Missverständnisse zu klären und Konflikte zu lösen. Er kann auch helfen, die rechtlichen Aspekte der Situation zu erklären und die Familie über ihre Rechte und Möglichkeiten zu informieren.

Es ist wichtig, einen kühlen Kopf zu bewahren, eine positive Einstellung beizubehalten und aus der Erfahrung zu lernen. Was sind mögliche Gründe für das Scheitern des ersten Anwalts? Vielleicht gab es Kommunikationsprobleme oder es wurden nicht genügend Beweise vorgelegt. Es gilt, diese Faktoren zu identifizieren und zu überlegen, wie sie verbessert werden können. Andere Anwälte oder Fachpersonen, die Erfahrung mit ähnlichen Fällen haben, können beraten und ihre Meinung äußern. Ein neuer Blickwinkel kann neue Lösungswege aufzeigen und helfen, wieder Mut zu fassen.

Hartnäckigkeit in der Vertretung und Durchsetzung der Interessen der Mandant/-innen ist eine Eigenschaft, die ein Anwalt oder eine Anwältin besitzen muss. Ein guter Anwalt kann perfekt argumentieren, verhandeln und Kompromisse finden, die im Interesse der Mandant/-innen liegen. Dabei sind die Interessen einer Mutter an ihrem Kind sehr vielfältig. Das Interesse einer Mutter an ihrem Kind ist von Natur aus stark und bedeutsam. Eine Mutter ist in der Regel eine der wichtigsten Bezugspersonen für ihr Kind und hat eine einzigartige Beziehung zu ihm. Ihre Interessen sind vielseitig und umfassen verschiedene Aspekte des Wohlergehens und der Entwicklung des Kindes.

Eine Mutter ist zunächst an der körperlichen Gesundheit ihres Kindes interessiert. Sie sorgt dafür, dass es ausreichend Nahrung, Schlaf und medizinische Versorgung erhält. Sie sorgt für seine Sicherheit und schützt es vor Gefahren. Eine Mutter ist in den meisten Fällen die erste Person, die Anzeichen von Krankheit oder Unwohlsein bemerkt und entsprechende Maßnahmen ergreift, um das Wohlergehen ihres Kindes zu gewährleisten. Dies sind eigentlich alles Dinge, die sich von selbst verstehen, wenn ein Mensch über gesunden Menschenverstand verfügt.

Darüber hinaus ist eine Mutter auch an der emotionalen Entwicklung und an der Bildung ihres Kindes interessiert. Sie möchte, dass es sich geliebt, sicher und geborgen fühlt, Werte wie Respekt, Ehrlichkeit, Verantwortungsbewusstsein und Mitgefühl erlernt. Sie unterstützt das Kind bei schulischen Tätigkeiten, ermutigt es, seine Gefühle auszudrücken und hilft ihm, soziale Fähigkeiten zu entwickeln. Eine Mutter ist oft eine wichtige Quelle des Trostes, der Unterstützung und der Ermutigung für ihr Kind. Eine Mutter erzieht ihr Kind zu einem guten Menschen, der sich positiv in die Gesellschaft einbringt.

Wenn Müttern in Österreich oder in anderen Ländern das Recht, ihr Kind zu sehen, verweigert wird, ist es wichtig, dass sie sich für ihre Rechte einsetzen. Im Folgenden erläutere ich einige Möglichkeiten, wie Mütter aktiv werden können. Es ist wichtig, dass Mütter sich über ihre gesetzlichen Rechte und Möglichkeiten informieren. Jedes Land hat unterschiedliche Gesetze und Regelungen zum Sorgerecht und zum Umgang mit Kindern. Lesen Sie die entsprechenden Gesetze und informieren Sie sich bei vertrauenswürdigen Quellen oder wenden Sie sich an eine Anwaltskanzlei, die auf Familienrecht spezialisiert ist.

Wenn Ihnen das Sorgerecht oder das Umgangsrecht verweigert wird, kann es hilfreich sein, einen Rechtsanwalt zu konsultieren. Ein erfahrener Familienanwalt kann Ihnen helfen, Ihre Rechte zu verstehen und rechtliche Schritte einzuleiten, um den Kontakt zu Ihrem Kind wiederherzustellen. Halten Sie alle Ereignisse, die mit dem Verlust des Kontaktes zu Ihrem Kind zusammenhängen, genau fest. Notieren Sie Datum, Uhrzeit und eine Beschreibung der Vorfälle sowie alle relevanten Mitteilungen an den anderen Elternteil oder die Behörden. Diese Dokumentation kann als Beweismittel dienen und Ihnen helfen, Ihren Fall zu stärken.

Es existieren verschiedene Organisationen und Initiativen, die sich für das Recht von Müttern einsetzen, ihre Kinder zu sehen. Suchen Sie nach lokalen Unterstützungsgruppen oder Online-Foren, in denen Sie sich mit anderen Müttern austauschen können, die ähnliche Erfahrungen gemacht haben. Der Austausch von Informationen und Erfahrungen kann sehr hilfreich sein und Ihnen das Gefühl geben, nicht allein zu sein.

Der Prozess, den Kontakt zu Ihrem Kind wiederherzustellen, kann langwierig und emotional belastend sein. Es ist wichtig, ruhig und geduldig zu bleiben. Konzentrieren Sie sich darauf, Ihre Rechte auf dem Rechtsweg durchzusetzen, und lassen Sie sich nicht von Frustration oder Verzweiflung überwältigen. Bei allen rechtlichen Auseinandersetzungen um das Sorgerecht oder das Umgangsrecht steht das Wohl des Kindes im Vordergrund. Dies ist von Seiten der Institutionen leichter gesagt als getan. Zeigen Sie den Behörden und Gerichten, dass Sie bereit sind, die Bedürfnisse Ihres Kindes zu respektieren und zu fördern. Bieten Sie ein stabiles Umfeld und zeigen Sie Ihre Bereitschaft, mit dem anderen Elternteil zusammenzuarbeiten. Wichtig ist, dass jeder Fall individuell ist und es keine Erfolgsgarantie gibt. Die Durchsetzung des Rechts auf Umgang mit dem eigenen Kind kann ein komplexer Prozess sein. Mütter sollten jedoch wissen, dass sie nicht allein sind und dass es Unterstützung gibt, um ihr Recht durchzusetzen.

Jeder Mensch ist individuell und kann unterschiedliche Wege finden, um sich zu erholen und sein Selbstvertrauen wieder aufzubauen. Es kann auch hilfreich sein, Rechtsberatung in Anspruch zu nehmen, um die jeweilige spezifische Situation zu beurteilen und geeignete Schritte zu unternehmen. Bei einer Inobhutnahme zählt erst einmal nur eins: ein guter Anwalt.

In einem Rechtssystem, in dem die Rechte des Kindes keine große Bedeutung haben oder noch nicht weit entwickelt sind, kann die Rolle eines Anwalts von entscheidender Bedeutung sein. Ein solcher Anwalt setzt sich für den Schutz und die Förderung der Rechte und Interessen von Kindern ein, auch wenn das Rechtssystem selbst diese nicht ausreichend berücksichtigt.

Ein Anwalt, der in einem solchen Umfeld tätig ist, sieht sich einer Reihe von Herausforderungen gegenüber. Er muss möglicherweise gegen tief verwurzelte Vorurteile und Widerstände ankämpfen, um das Bewusstsein für die Bedeutung der Kinderrechte zu schärfen. Dies erfordert eine beharrliche Lobbyarbeit, bei der der Anwalt auf politischer Ebene aktiv wird und versucht, Gesetze und Richtlinien zu beeinflussen, um den Schutz von Kindern zu verbessern.

Darüber hinaus spielt der Anwalt eine wichtige Rolle bei der Vertretung von Kindern in rechtlichen Angelegenheiten. Er kann als Sprachrohr für Kinder dienen, die keine Stimme haben oder deren Stimme nicht gehört wird. Er arbeitet eng mit den Kindern zusammen, um ihre Bedürfnisse und Wünsche zu verstehen und sie vor Gericht oder anderen Entscheidungsträgern angemessen zu vertreten.

Ein weiterer Aspekt der Arbeit eines solchen Anwalts ist die Sensibilisierung der Gemeinschaft für die Kinderrechte. Durch Bildungs- und Aufklärungsarbeit kann er dazu beitragen, das Verständnis für die Bedeutung der Kinderrechte zu fördern und die Gemeinschaft zu ermutigen, sich aktiv für den Schutz und die Förderung von Kindern einzusetzen.

Trotz der Herausforderungen kann ein Anwalt in einem Rechtssystem, in dem die Kinderrechte noch nicht weit entwickelt sind, einen positiven Einfluss ausüben. Durch seine Arbeit kann er dazu beitragen, dass Kinder besser geschützt werden und Zugang zu Bildung, Gesundheitsversorgung und anderen grundlegenden Rechten erhalten. Er kann auch dazu beitragen, das Bewusstsein für die Bedeutung der Kinderrechte zu schärfen und das Rechtssystem so weiterzuentwickeln, dass es den Schutz von Kindern angemessen gewährleistet.

Die Arbeit eines Anwalts allein reicht möglicherweise nicht aus, um das gesamte Rechtssystem zu verändern. Es bedarf einer breiteren gesellschaftlichen Beteiligung und der Zusammenarbeit mit anderen Akteuren wie NGOs, Regierungsbehörden und internationalen Organisationen, um nachhaltige Veränderungen herbeizuführen. Dennoch spielt der Anwalt eine wichtige Rolle als Katalysator für Veränderungen und als Verteidiger der Rechte von Kindern in einem System, das ihren Bedürfnissen noch nicht ausreichend gerecht wird.

Die Kinderrechtekonvention ist ein internationaler Vertrag, der von den Vereinten Nationen (UNO) beschlossen wurde. Sie hat das Ziel, die Rechte von Kindern zu schützen und ihre Lebensbedingungen weltweit zu verbessern. Alle 196 Länder, die die Konvention angenommen haben, verpflichten sich dazu, diese Rechte im Alltag der Kinder umzusetzen. Ein spezieller Ausschuss für Kinderrechte überprüft regelmäßig, ob die Länder genug tun, um die Kinderrechte zu beachten. Dabei werden auch die Erfahrungen von Kinder- und Jugendorganisationen berücksichtigt. Die wichtigsten Kinderrechte sind:

- **Recht auf Leben**: Jedes Kind hat das Recht auf Leben und Überleben.

- **Recht auf Nahrung**: Jedes Kind hat das Recht auf ausreichende und gesunde Ernährung.

- **Recht auf Bildung**: Jedes Kind hat das Recht auf eine qualitativ hochwertige Ausbildung.

- **Recht auf Freizeit**: Jedes Kind hat das Recht auf Spiel, Erholung und kulturelle Aktivitäten.

- **Recht auf Partizipation**: Jedes Kind hat das Recht, an Entscheidungen beteiligt zu werden, die es betreffen.

- **Recht auf Meinungsäußerung und Informationsfreiheit**: Jedes Kind hat das Recht, seine Meinung frei zu äußern und Informationen zu erhalten.

- **Recht auf Privatsphäre**: Jedes Kind hat das Recht auf Schutz seiner Privatsphäre.

- **Recht auf Gedanken-, Gewissens- und Religionsfreiheit**: Jedes Kind hat das Recht, seine eigenen Überzeugungen und Religionen zu haben.

- **Recht auf Schutz vor Gewalt**: Jedes Kind hat das Recht, vor körperlicher oder seelischer Gewalt geschützt zu werden.

- **Recht auf Schutz vor sexueller Ausbeutung**: Jedes Kind hat das Recht, vor sexuellem Missbrauch und Ausbeutung geschützt zu werden.

- **Recht auf Schutz vor wirtschaftlicher Ausbeutung**: Kinderarbeit ist verboten.

- **Recht auf besondere Unterstützung von Kindern mit Behinderungen**: Kinder mit Behinderungen haben das Recht auf spezielle Unterstützung.

- **Recht von Flüchtlingskindern auf Schutz und Unterstützung**: Flüchtlingskinder haben besondere Rechte und Ansprüche.

- **Rehabilitation für Opfer von Gewalt und Ausbeutung**: Kinder, die Gewalt oder Ausbeutung erlebt haben, haben das Recht auf Unterstützung bei der Genesung.

- **Recht auf Schutz in bewaffneten Konflikten**: Kinder in Kriegsgebieten haben ein Recht auf besonderen Schutz.[13]

Die Kinderrechtskonvention ist ein wichtiger Meilenstein im Kampf um die weltweite Anerkennung und den Schutz der Rechte von Kindern. Sie gibt einen klaren Rahmen vor, damit alle Kinder die gleichen Chancen und Möglichkeiten haben, unabhängig von ihrer Herkunft oder ihrem sozialen Hintergrund. Es ist Aufgabe der Regierungen und der Gesellschaft als Ganzes, dafür zu sorgen, dass diese Rechte respektiert und umgesetzt werden, um eine bessere Zukunft für alle Kinder zu schaffen.

5.3 Wie man alles schafft

Es ist ein Moment der Erfüllung und des Stolzes, wenn man sein Ziel erreicht hat. Es ist ein Moment, in dem sich all die harte Arbeit, die Opfer und Entbehrungen gelohnt haben, ein Gefühl der Freude und des Glücks, das den ganzen Körper durchströmt. Man fühlt sich lebendig, voller Energie und Zuversicht. Es ist ein Moment, in dem man sich selbst beweist, dass man Großes erreichen und seine Träume verwirklichen kann. Man spürt eine innere Ruhe und Gelassenheit, weil man weiß, dass man sein Bestes gegeben und es geschafft hat. Das Ende einer Fremdunterbringung ist ein Gefühl der Erfüllung, des inneren Friedens und kann ein Gefühl der Befreiung mit sich bringen. Man hat vielleicht lange auf dieses Ziel hingearbeitet und es kann eine Last von den Schultern fallen, wenn man es endlich erreicht hat. Man fühlt sich befreit von Zweifeln, Ängsten und Unsicherheiten. Ein Erfolg, wie das Ende einer Inobhutnahme, kann auch das Selbstvertrauen stärken. Man erkennt die eigenen Fähigkeiten und Talente und entwickelt ein positives Selbstbild. Man fühlt sich gestärkt und bereit für neue Herausforderungen.

Das Leben im Einklang mit einer Inobhutnahme zu meistern und die Hoffnung auf das Zusammensein mit dem Kind erfordern eine außergewöhnliche Motivation. Außergewöhnliche Motivation ist die Kraft, die uns antreibt, unsere Ziele zu erreichen und unser volles Potenzial auszuschöpfen. Es ist ein inneres Feuer, das uns dazu bringt, hart zu arbeiten, Hindernisse zu überwinden und weiterzumachen, auch wenn es schwierig wird. Eine solche Motivation, die aus Schmerz entstanden ist, besteht nicht nur für kurze Zeit, sondern hält auch bei Rückschlägen und Herausforderungen an. Sie gibt uns die Energie und den Antrieb, trotz aller Widrigkeiten weiterzumachen – aus einem starken inneren Antrieb oder einer tiefen Leidenschaft für einen wichtigen Menschen. Wenn wir wirklich an etwas glauben und es lieben, sind wir bereit, alles dafür zu geben. Diese intrinsische Motivation treibt uns an und gibt uns Menschen die Kraft, auch in schwierigen Zeiten durchzuhalten.

Auch andere Mütter, die mit ihren Kindern bereits eine Inobhutnahme überstanden haben, können weiterhin motivieren. Wenn man sieht, dass andere große Erfolge erzielen oder Unterstützung bieten, kann dies zusätzliche Motivation bewirken. Ihre Geschichten und ihr Enthusiasmus können inspirieren, die eigenen Träume zu verfolgen und hart dafür zu arbeiten. Eine außergewöhnlich hohe Motivation geht oft Hand in Hand mit einem klaren Ziel vor Augen. Erst eine klare Vorstellung davon, was erreicht werden soll, ermöglicht es, die Energie und Anstrengungen darauf zu konzentrieren. Ein Ziel liefert einen Zweck und eine Richtung und hilft, fokussiert zu bleiben. Um eine hohe Motivation aufrechtzuerhalten, ist es wichtig, auf sich selbst zu achten und für einen Ausgleich zu sorgen. Dies bedeutet, auf die körperliche und geistige Gesundheit zu achten, ausreichend Ruhe und Erholung zu finden und sich mit positiven Menschen zu umgeben.

Eine Gruppe engagierter Mütter kann sich zusammenschließen, um gegen ungerechtfertigte Fremdunterbringung von Kindern vorzugehen. Die Argumentation der Mütter basiert auf dem Kindeswohl und kann positive Veränderungen bewirken. Ein solcher Verein basiert auf der Überzeugung, dass Kinder in erster Linie bei ihren Eltern aufwachsen sollten, solange keine akute Gefahr für ihr Wohl besteht. Die Mütter können argumentieren, dass Fremdunterbringungen oft zu schnell und ohne ausreichende Prüfung der individuellen Situation erfolgen. Sie können betonen, wie wichtig es ist, Familien in schwierigen Lebenssituationen umfassend zu unterstützen, anstatt sofort auf eine Trennung von Eltern und Kindern zurückzugreifen. Die Mütter eines solchen Vereins setzen sich dafür ein, dass den Familien frühzeitig Hilfsangebote gemacht werden, um sie bei der Bewältigung ihrer Probleme zu unterstützen. Sie können eine verstärkte Zusammenarbeit zwischen Jugendämtern, Sozialämtern und anderen relevanten Institutionen fordern, um präventive Maßnahmen zu ergreifen und die Familien zu unterstützen. Durch gezielte Beratung und Hilfe zur Selbsthilfe sollen die Eltern befähigt werden, ihre Situation zu verbessern und damit eine Fremdunterbringung zu vermeiden.

Ein weiteres wichtiges Argument eines solchen Vereins ist die Betonung der Bindung zwischen Eltern und Kindern. Die Mitglieder des Vereins können argumentieren, dass eine Trennung von den leiblichen Eltern oft schwerwiegende Folgen für das Wohlbefinden und die Entwicklung der Kinder haben kann. Die Mütter können ferner betonen, dass es in den meisten Fällen möglich ist, die Probleme innerhalb der Familie zu lösen und so eine Fremdunterbringung zu vermeiden. Einem Verein kann es auf diese Weise gelingen, seine Argumentation in die Öffentlichkeit zu tragen und dadurch bereits positive Veränderungen zu bewirken. Durch gezielte Aufklärungsarbeit können Vorurteile gegenüber Eltern in schwierigen Lebenssituationen abgebaut werden.

Vorurteile gegenüber Eltern sind leider immer noch weit verbreitet und können zu einer ungerechten Beurteilung von Eltern führen. Häufig werden Eltern aufgrund ihrer Elternschaft mit Stereotypen in Verbindung gebracht, die nicht der Realität entsprechen. Ein häufiges Vorurteil ist, dass Eltern faul oder ehrgeizlos seien. Dies beruht häufig auf der Annahme, dass Eltern ihre beruflichen Ziele vernachlässigen, um sich um ihre Kinder zu kümmern. Dabei wird jedoch übersehen, dass viele Eltern trotz ihrer elterlichen Verantwortung beruflich erfolgreich sind und Familie und Karriere gut managen können.

Ein weiteres Vorurteil betrifft das Aussehen der Eltern. Es wird oft angenommen, dass Eltern nach der Geburt eines Kindes an Attraktivität verlieren oder ihren eigenen Stil aufgeben müssen. Dies ist jedoch eine oberflächliche Annahme, da viele Eltern weiterhin Wert auf ihr Aussehen legen und ihren individuellen Stil beibehalten. Auch die Annahme, dass Eltern weniger Zeit für soziale Aktivitäten haben, ist ein gängiges Vorurteil. Es wird angenommen, dass Eltern nur noch für ihre Kinder da sind und keine Zeit mehr für Freunde oder Hobbys haben. Tatsächlich können Eltern jedoch weiterhin ein erfülltes soziales Leben führen und Zeit für sich selbst finden. Ein weiteres Vorurteil betrifft die häuslichen Fähigkeiten von Eltern. Es wird oft angenommen, dass sie weniger organisiert oder weniger fähig sind, den Haushalt zu führen. Dies ist jedoch eine ungerechte Verallgemeinerung, denn Eltern sind in der Regel sehr gut darin, den Haushalt zu führen und dafür zu sorgen, dass ihre Kinder in einer sauberen und ordentlichen Umgebung aufwachsen. Es ist wichtig, diese Vorurteile gegenüber Eltern zu erkennen und zu hinterfragen. Jeder Mensch ist individuell und sollte nicht nach seiner Elternschaft beurteilt werden. Eltern haben Stärken und Schwächen wie alle anderen Menschen auch.

5.4 Alles für mein Kind

Die Verbindung einer liebenden Mutter zu dem Kind, das in ihrem Bauch aufgewachsen ist und das sie dann zur Welt gebracht hat, ist unendlich. Seit dem ersten Moment des Lebens kümmert sich eine Mutter darum, den Bedürfnissen, Interessen und Ansprüchen des Kindes gerecht zu werden. Kinder haben viele Interessen und Vorlieben, die sich im Laufe ihrer Entwicklung ändern können. Sie spielen gerne, ob drinnen oder draußen, lassen ihrer Fantasie freien Lauf und schlüpfen in verschiedene Rollen. Ob sie sich verkleiden, mit Puppen spielen oder mit Bauklötzen Türme bauen – beim Spielen können sie ihre Kreativität ausleben und ihre motorischen Fähigkeiten entwickeln. Kinder sind neugierig und erkunden gerne die Welt um sich herum. Neue Orte, Tiere, Pflanzen und Gegenstände faszinieren sie. Ob bei einem Spaziergang in der Natur oder einem Museumsbesuch – Kinder lernen gerne Neues kennen und stellen viele Fragen.

Kinder lieben Geschichten! Das Vorlesen von Büchern oder das Erzählen von Märchen regt ihre Fantasie an und lässt sie in andere Welten eintauchen. Geschichten fördern auch die Sprachkompetenz und das Verständnis für Zusammenhänge. Musik übt auf Kinder eine besondere Anziehungskraft aus. Sie lieben es zu singen, zu tanzen oder Instrumente auszuprobieren. Musik kann ihnen Freude bereiten und ihre kreative Seite zum Ausdruck bringen. Viele Kinder haben eine natürliche Affinität zu Tieren. Sie spielen gerne mit Haustieren, beobachten Tiere im Zoo oder auf dem Bauernhof. Tiere können ihnen ein Gefühl von Verantwortung und Mitgefühl vermitteln. Kinder verbringen gerne Zeit mit ihren Freunden. Sie genießen es, miteinander zu spielen, sich auszutauschen und neue Abenteuer zu erleben. Freundschaften sind für Kinder wichtig, weil sie ihnen ein Gefühl der Zugehörigkeit und Unterstützung geben. Sie lieben es, gelobt und anerkannt zu werden.

Für ein Kind ist die Liebe zu seinen Eltern in der Regel sehr wichtig und steht an erster Stelle. Die Beziehung zwischen Eltern und Kindern ist in der Regel eine der stärksten und tiefsten Bindungen, die ein Kind haben kann. Eltern sind oft die ersten Bezugspersonen, die Kinder kennenlernen, und sie bilden die Grundlage für ihre emotionalen Bindungen. Eltern sind dafür verantwortlich, für ihr Kind zu sorgen, es zu schützen und seine Bedürfnisse zu befriedigen. Sie bieten Sicherheit, Geborgenheit und Unterstützung, die das Vertrauen des Kindes stärken und ihm das Gefühl geben, geliebt und geborgen zu sein. Kinder entwickeln durch den täglichen Umgang mit ihren Eltern eine starke emotionale Bindung. Diese Bindung entsteht durch liebevolle Interaktionen, Zuneigung, körperliche Nähe und gemeinsame Erlebnisse.

Kinder suchen die Aufmerksamkeit ihrer Eltern und genießen es, Zeit mit ihnen zu verbringen. Die Eltern haben eine wichtige Vorbildfunktion für ihre Kinder. Kinder lernen von ihren Eltern Verhaltensweisen, Werte und soziale Normen. Sie orientieren sich an ihren Eltern und entwickeln so eine enge Bindung. Dabei ist zu beachten, dass jedes Kind einzigartig ist und seine eigenen, individuellen Bindungen hat. Neben den Eltern können auch Geschwister, Großeltern oder andere nahe Verwandte eine wichtige Rolle in der Liebe eines Kindes spielen, wie Sandros Großmutter.

Freunde und andere Bezugspersonen können ebenfalls eine wichtige Rolle bei der Entwicklung von Bindungen und Liebe zu einem Kind spielen. Die Liebe eines Kindes zu seinen Eltern ist normalerweise stark und tief, aber es ist auch wichtig zu beachten, dass sich diese Beziehung im Laufe der Zeit ändern kann. Kinder können auch starke Bindungen zu anderen Personen entwickeln, die ihnen nahe stehen und sie unterstützen.

Aber was ist, wenn ihnen ihr Leben, ihr gesamtes Umfeld, genommen wird? Was passiert mit einem Kind, das von all seinen Bezugspersonen entrissen wird, ausgeschlossen wird, nicht mehr am harmonischen Alltag teilnehmen darf? Ein Schwerverbrecher im Grundschulalter, als Basis der zukünftigen Entwicklung. Wenn ein Kind von all seinen Bezugspersonen getrennt wird, ausgeschlossen wird und nicht mehr an einem harmonischen Alltag teilhaben kann, kann dies schwerwiegende Auswirkungen auf seine Entwicklung und sein Wohlbefinden haben. Wie entwickelt sich jemand, der im Kindesalter wie ein Schwerverbrecher behandelt wurde, der aus der Gesellschaft ausgeschlossen werden muss? Kinder sind von Natur aus soziale Wesen und brauchen stabile Beziehungen zu ihren Eltern oder anderen wichtigen Bezugspersonen, um sich sicher und geliebt zu fühlen. Verliert ein Kind diese Bindungen, kann dies zu emotionalen und psychischen Problemen führen. Es kann sich einsam, verlassen und ungeliebt fühlen. Es kann Schwierigkeiten haben, Vertrauen aufzubauen und enge Beziehungen einzugehen. Die Trennung von den Bezugspersonen kann auch das Selbstwertgefühl des Kindes beeinträchtigen und zu mangelndem Selbstvertrauen führen.

Darüber hinaus kann die fehlende Teilhabe an einem harmonischen Alltag dem Kind das Gefühl geben, nicht dazuzugehören oder nicht akzeptiert zu werden. Es kann Schwierigkeiten haben, soziale Fähigkeiten zu entwickeln und sich in Gruppen zu integrieren. Das Kind kann sich isoliert fühlen und Schwierigkeiten haben,

Freundschaften zu schließen. Die Auswirkungen einer solchen Situation können langfristig sein. Das Kind könnte mit emotionalen Traumata zu kämpfen haben und möglicherweise Verhaltensprobleme entwickeln. Es könnte Schwierigkeiten haben, in der Schule erfolgreich zu sein oder eine positive Zukunftsperspektive zu entwickeln. Jedes Kind kann anders reagieren und die Auswirkungen hängen von verschiedenen Faktoren wie dem Alter des Kindes, der Dauer der Trennung und den verfügbaren Unterstützungssystemen ab. Unbestreitbar ist jedoch, dass ein Kind, das von all seinen Bezugspersonen getrennt wird und nicht mehr an einem harmonischen Alltag teilhaben kann, vor großen Herausforderungen steht. Es ist daher von größter Bedeutung, dass Kinder in solchen Situationen angemessene Unterstützung erhalten. Es kann hilfreich sein, dem Kind alternative Möglichkeiten anzubieten, mit seiner Mutter in Kontakt zu bleiben. Dies könnte zum Beispiel durch regelmäßige Telefongespräche oder Videotelefonie geschehen. Auf diese Weise kann dem Kind das Gefühl vermittelt werden, dass er immer noch eine Verbindung zu seiner Mutter hat und sie nicht völlig verloren ist.

Mit Sandro durfte ich erst telefonieren, nachdem der Anwalt die Sozialarbeiterinnen des Jugendamts kontaktiert hatte. Seitdem war es mir erlaubt, mit Sandro zumindest telefonisch in Kontakt zu bleiben. Mögliche Lösungen, ein unbeschwertes Leben des fröhlichen Alltags schienen in jenem Moment noch weit entfernt zu sein. Die Erkenntnis, noch weit vom Ziel entfernt zu sein, bietet auch eine Chance für Wachstum und Entwicklung. Man kann sich realistische Ziele setzen und einen klaren Plan entwickeln, um diese Ziele zu erreichen. Man kann seine Strategien überdenken und neue Wege finden, um Hindernisse zu überwinden. Es ist wichtig, geduldig mit sich selbst zu sein und sich nicht entmutigen zu lassen. Jeder erfolgreiche Weg braucht Zeit und Ausdauer. Es ist normal, Rückschläge zu erleben und nicht immer sofort Erfolge zu erzielen. Die Erkenntnis, noch lange nicht am Ziel zu sein, kann als Ansporn dienen, weiterzumachen und hart zu arbeiten. Der Fokus liegt in diesem Kontext stetig auf der Wiederherstellung der familiären Harmonie und einer entspannten gemeinsamen Zeit. Familienerholung bedeutet, gemeinsam Momente der Entspannung und des Genusses zu erleben. Es ist eine Zeit, in der alle Familienmitglieder die Möglichkeit haben, dem Alltagsstress zu entfliehen und sich auf das Wesentliche zu konzentrieren – die Beziehung zueinander. Eine erholsame Zeit für eine Familie kann verschiedene Aktivitäten umfassen. Zum Beispiel kann man gemeinsam in den Urlaub fahren und neue Orte erkunden. Auf diese Weise können Familien neue Erfahrungen sammeln und als Familie enger zusammenwachsen. Ob es ein Strandurlaub ist, bei dem gemeinsam im Meer gebadet und Sandburgen gebaut werden, oder ein Städtetrip, bei dem Museen besucht und lokale Spezialitäten probiert werden – diese gemeinsamen Erlebnisse schaffen unvergessliche Erinnerungen. Aber auch zu Hause können sich Familien entspannen. Gemeinsames Kochen und Essen sind gute Gelegenheiten, um miteinander in Kontakt zu kommen. Beim gemeinsamen Zubereiten von Mahlzeiten lernen Kinder wichtige Fertigkeiten und entwickeln ein Verständnis für gesunde Ernährung. Beim Essen können sie über den Tag sprechen und sich austauschen.

Darüber hinaus können sich Familien auch einfach entspannen und Zeit miteinander verbringen, ohne bestimmte Aktivitäten zu planen. Dies kann bedeuten, gemeinsam einen Film anzuschauen, Gesellschaftsspiele zu spielen oder einfach im Garten herumzutollen. Diese ruhigen Momente ermöglichen es den Familienmitgliedern, sich zu entspannen und die Gesellschaft des anderen zu genießen. Eine erholsame Zeit für die Familie bedeutet auch, dass jedes Familienmitglied Raum für seine eigenen Interessen und Bedürfnisse hat. Es ist wichtig, dass jedes Familienmitglied die Möglichkeit hat, sich zurückzuziehen und Zeit allein zu verbringen. Dies kann bedeuten, dass die Eltern einen Abend ausgehen, während die Kinder bei einem Babysitter bleiben, oder dass die Kinder ihren Hobbys nachgehen können, während die Eltern zuschauen. Aber wie können wir dies erreichen, wenn unser Familienleben mutwillig zerstört wird? Wenn ein harmonisches Familienleben zerstört wurde, kann es einige Zeit und Mühe

kosten, es wiederherzustellen. Eine offene und ehrliche
Kommunikation ist der Schlüssel zur Lösung von Problemen und zur Wiederherstellung des Vertrauens in
der Familie. Jedes Familienmitglied sollte die Möglichkeit haben, seine Gefühle und Sorgen auszudrücken,
während die anderen aktiv zuhören und respektvoll
antworten. Um ein harmonisches Familienleben wiederherzustellen, ist es wichtig, vergangene Konflikte
und Verletzungen loszulassen und Vergebung zu praktizieren. Dies bedeutet nicht, dass man das Verhalten
des anderen gutheißt, sondern dass man bereit ist, den
Groll loszulassen und einen Neuanfang zu machen.
Durch gemeinsame Aktivitäten können Familienmitglieder positive Erinnerungen schaffen und ihre Bindung stärken. Es kann hilfreich sein, regelmäßig Zeit
für gemeinsame Aktivitäten wie Spieleabende, Ausflüge
oder gemeinsames Kochen einzuplanen.

Ein harmonisches Familienleben erfordert oft Kompromisse von allen Beteiligten. Jedes Familienmitglied
sollte bereit sein, aufeinander zuzugehen und nach Lösungen zu suchen, die für alle akzeptabel sind. Manchmal kann es sinnvoll sein, professionelle Hilfe in Anspruch zu nehmen, um ein zerrüttetes Familienleben
wieder in Ordnung zu bringen. Ein Familientherapeut
oder Berater kann helfen, die zugrunde liegenden Probleme zu identifizieren und gemeinsam Lösungen zu
erarbeiten. Aber was kann unternommen werden, wenn
auch all diese Schritte nicht funktioniert haben? Es ist

wichtig zu wissen, dass die Wiederherstellung eines harmonischen Familienlebens Zeit braucht und nicht von heute auf morgen erreicht werden kann. Sie erfordert Geduld, Verständnis und die Bereitschaft aller beteiligten Personen, an der Verbesserung der Situation mitzuarbeiten, sodass die Heiterkeit wieder Einzug ins Familienleben erhält.

Eine oft übersehene Facette der menschlichen Natur ist die Bedeutung der Heiterkeit. Die Menschlichkeit ist eng mit der Fähigkeit zur Heiterkeit verbunden. Die Psychologie spielt bei der Erforschung des Zusammenhangs zwischen Menschlichkeit und Heiterkeit eine entscheidende Rolle. Untersuchungen haben gezeigt, dass Menschen, die empathisch sind und Mitgefühl für andere empfinden können, eher positive Emotionen wie Freude und Heiterkeit empfinden. Der Grund dafür ist, dass das Gefühl von Heiterkeit eng mit Wohlbefinden und Zufriedenheit verbunden ist. Wenn Menschen ihre Menschlichkeit pflegen und sich um das Wohlergehen anderer kümmern, können sie ein höheres Maß an Heiterkeit erreichen. Soziale Interaktion spielt ebenfalls eine wichtige Rolle bei der Entwicklung von Heiterkeit. Menschen sind soziale Wesen und neigen dazu, sich in Gruppen zu organisieren. In diesen sozialen Kontexten kann Heiterkeit als Mittel zur Stärkung von Beziehungen dienen. Lachen und gemeinsam Spaß zu haben fördert das Gefühl der Verbundenheit und des Zusammenhalts. Indem Menschen ihre Menschlichkeit in sozialen Interaktionen zum Ausdruck bringen, schaffen sie eine Atmosphäre der Heiterkeit und des Wohlbefindens. Die neurobiologische Forschung hat gezeigt, dass Heiterkeit mit der Ausschüttung von Endorphinen und anderen Glückshormonen im Gehirn verbunden ist. Diese Hormone tragen zur Entstehung positiver Emotionen bei und können das allgemeine Wohlbefinden steigern. Die Aktivierung bestimmter Hirnregionen während heiterer Momente deutet darauf hin, dass Mitmenschlichkeit die Ausschüttung dieser Glückshormone fördern kann.

Es wird stetig vom Wohl des Kindes gesprochen – aber die Bedeutung des Glücks und der Heiterkeit werden häufig durch Ämter und Institutionen ignoriert, wenn Kinder und Eltern unter die Räder der Staatlichkeit geraten. Wenn Eltern sich in einer schwierigen Situation befinden und das Gefühl haben, vom Staat überrollt zu werden, kann dies nicht nur eine physische, sondern auch eine emotionale Belastung für sie und ihre Kinder darstellen. Es ist wichtig, dass Eltern in solchen Zeiten besonders auf die emotionalen Bedürfnisse ihrer Kinder achten. Eltern sollten dann Raum für eine offene Kommunikation mit ihren Kindern schaffen, sie ihre Gefühle ausdrücken lassen und sie ermutigen, Fragen zu stellen. Es ist von grundlegender Bedeutung für das Wohlbefinden des Kindes, ehrlich und altersgerecht zu antworten – und zu erklären, was geschieht.

In Zeiten der Unsicherheit ist es wichtig, den Kindern Stabilität zu bieten, an Routinen festzuhalten und eine verlässliche Umgebung zu schaffen, in der sich die Kinder sicher fühlen können. Darüber hinaus ist es wichtig, Empathie für die Gefühle der Kinder zu zeigen, sich in sie hineinzuversetzen und ihre Ängste und Sorgen zu erkennen. Es ist notwendig, aktiv zuzuhören und den Kindern das Gefühl zu geben, dass ihre Gefühle wichtig sind. In der Fremdunterbringung ist es außerdem notwendig, sich in den erlaubten Momenten des Kontakts bewusst Zeit für das Kind zu nehmen und ihm die volle Aufmerksamkeit zu schenken, um Momente der Freude und des Spaßes zu schaffen, die Stimmung des Kindes zu heben und ihm das Gefühl zu geben, dass es geliebt und geschätzt wird. Es ist auch wichtig, auf sich selbst zu achten.

Wenn Sie Ihre eigenen emotionalen Bedürfnisse erfüllen, sind Sie besser in der Lage, Ihre Kinder zu unterstützen. Nehmen Sie sich Zeit für Entspannung und Selbstreflexion und suchen Sie nach Möglichkeiten, Stress abzubauen. Dies wirkt sich positiv auf Kinder aus, die die Gefühle ihrer Eltern reflektieren. Dennoch bleibt es schwierig, sein eigenes und das Kinderherz glücklich zu machen, wenn tiefste Trauer und Depressionen durch die Gesellschaft in die Familie gepresst wurden.

Kinder brauchen Liebe und Zuneigung von ihren Eltern, Geschwistern, Verwandten und anderen wichtigen Bezugspersonen. Wenn sie sich geliebt fühlen, entwickeln sie ein gesundes Selbstwertgefühl und eine positive Einstellung zu sich selbst. Kinder lieben es zu spielen und Spaß zu haben. Im Spiel können sie ihre Kreativität entfalten, ihre motorischen Fähigkeiten entwickeln und soziale Kompetenzen erlernen. Lachen und Freude beim Spielen machen Kinder glücklich. Wenn Kinder Erfolge erleben und dafür Anerkennung erhalten, stärkt das ihr Selbstvertrauen und macht sie glücklich. Das können kleine Erfolge sein, wie das Lösen eines Rätsels oder das Beherrschen einer neuen Fähigkeit. Kinder brauchen soziale Interaktionen mit Gleichaltrigen und anderen Menschen, um glücklich zu sein. Die Möglichkeit, Freunde zu haben, sich in einer Gemeinschaft wohl zu fühlen und Teil von etwas Größerem zu sein, ist für sie von großer Bedeutung.

Kinder sind zudem von Natur aus neugierig und wollen die Welt um sich herum erkunden. Wenn sie die Möglichkeit haben, neue Dinge zu entdecken und zu lernen, macht sie das glücklich. Dies kann die Erkundung der Natur sein, das Lesen eines spannenden Buches oder das Erlernen einer neuen Fertigkeit. Kinder brauchen Sicherheit und Geborgenheit, um glücklich zu sein. Wenn sie wissen, dass sie in einer liebevollen und sicheren Umgebung aufwachsen, können sie sich frei entfalten und ihre Welt erkunden. Das Glück eines Kindes ist von großer Bedeutung für seine gesunde Entwicklung. Es trägt dazu bei, dass Kinder Selbstvertrauen entwickeln, positive Beziehungen aufbauen und ihr Potenzial entfalten können. Eltern, Erziehungsberechtigte und Betreuer spielen eine wichtige Rolle, wenn es darum geht, die Bedürfnisse der Kinder zu erkennen und ihnen die Unterstützung und Liebe zu geben, die sie brauchen, um ihr Herz glücklich zu machen. Aber da die Kinderrechte in Österreich und Deutschland – im wahrsten Sinne des Wortes – noch in den Kinderschuhen stecken, existiert in diesen Ländern erst eine Ahnung davon. Kinder haben ein Recht auf Spiel und Freizeit. Das heißt, sie sollen Zeit haben, frei zu spielen, sich zu erholen und ihren Interessen nachzugehen, ohne übermäßigem Leistungsdruck ausgesetzt zu sein. Wenn Kinder die Möglichkeit haben, frei zu spielen und ihre Kreativität zu entfalten, können sie ihre Fähigkeiten entwickeln und ihr Glücksempfinden steigern. Kinder haben das Recht auf eine Bildung, die ihre Persönlichkeit, ihre individuellen Talente und Fähigkeiten fördert. Das bedeutet aber nicht, dass sie übermäßigem Leistungsdruck ausgesetzt werden dürfen. Ein respektvoller Umgang mit den individuellen Bedürfnissen und Fähigkeiten der Kinder ist wichtig, um ihnen positive Lernerfahrungen zu ermöglichen. Kinder haben ein Recht auf Schutz vor jeglicher Form von Gewalt und Missbrauch. Zu einem respektvollen Umgang mit Kindern gehört der Schutz ihrer körperlichen und seelischen Unversehrtheit. Wenn Kinder unter hohem Leistungsdruck stehen oder Opfer von Mobbing oder anderen Formen von Gewalt werden, wird ihr Wohlbefinden beeinträchtigt. Kinder haben das Recht, in allen sie betreffenden Angelegenheiten gehört zu werden und ihre Meinung frei zu äußern. Dies schließt auch den schulischen Bereich ein, in dem Kinder das Recht haben sollten, ihre Interessen und Bedürfnisse ohne Angst vor negativen Konsequenzen zu äußern. Ein respektvoller Umgang mit Kindern bedeutet, ihre Meinungen und Ideen anzuerkennen und ihnen Raum zur Mitbestimmung zu geben. Des Weiteren haben Kinder ein Recht auf Würde und Achtung. Das bedeutet, dass sie unabhängig von ihren Leistungen und Fähigkeiten als eigenständige Personen anerkannt werden sollen. Ein respektvoller Umgang mit Kindern beinhaltet die Anerkennung ihrer Individualität und die Förderung eines positiven Selbstwertgefühls.

Es ist von essentieller Bedeutung, dass Kinderrechte in allen Lebensbereichen respektiert werden, einschließlich Bildung, Familie und Gesellschaft. Weniger Leistungsdruck und ein respektvoller Umgang mit Kindern sind entscheidend, um sicherzustellen, dass ihre Rechte respektiert werden und sie sich gesund entwickeln können. Durch die Achtung und Förderung der Kinderrechte schaffen wir ein Umfeld, in dem Kinder ihr volles Potenzial entfalten können und sich als wertvolle Mitglieder der Gesellschaft fühlen. Um sich wertvoll zu fühlen, ist es wichtig, in einer respektvollen Umgebung zu leben, in der Respekt und gute Absichten gegenüber allen Menschen bereits von staatlichen Institutionen und deren Vertretern, als Vorbilder, ausgehen. Die Entwicklung von Respekt und Toleranz gegenüber anderen Menschen ist ein wichtiger Aspekt der sozialen und emotionalen Entwicklung von Kindern. Diese Werte sind entscheidend für den Aufbau einer integrativen Gesellschaft, in der Menschen unabhängig von ihrer Herkunft, ihrem Aussehen oder ihrem Glauben respektiert werden. Im Folgenden werden verschiedene Ansätze und Strategien untersucht, wie Kinder lernen können, andere Menschen zu respektieren und zu tolerieren.

Soziales Lernen spielt eine zentrale Rolle bei der Entwicklung von Respekt und Toleranz bei Kindern. Durch Beobachtung und Nachahmung lernen Kinder Verhaltensweisen und Einstellungen gegenüber anderen Menschen. Eltern, Erzieherinnen und Erzieher sowie Lehrerinnen und Lehrer können Vorbilder sein, indem sie sich selbst respektvoll verhalten und Vorurteile vermeiden. Zudem bildet die Empathie einen Schlüsselfaktor für die Förderung von Respekt und Toleranz bei Kindern. Indem Kinder lernen, sich in andere hineinzuversetzen und deren Gefühle zu verstehen, entwickeln sie Mitgefühl und Verständnis für ihre Mitmenschen. Eltern können dies unterstützen, indem sie mit ihren Kindern über Gefühle sprechen und ihnen helfen, sich in andere hineinzuversetzen. Auch Rollenspiele im Rahmen des Theaters, beispielsweise in Theatergruppen, können die Fähigkeit fördern, sich in andere Menschen hineinzuversetzen. Die Vermittlung von kulturellem Wissen ist ein weiterer wichtiger Aspekt, um Respekt und Toleranz bei Kindern zu fördern. Durch das Kennenlernen verschiedener Kulturen, Traditionen und Lebensweisen können Kinder lernen, Vielfalt zu schätzen und Vorurteile abzubauen. Schulen können kulturelle Bildung in den Lehrplan integrieren und interkulturelle Aktivitäten organisieren, um das Verständnis für andere Kulturen zu fördern. Zunächst einmal sind wir alle gleichwertige Menschen, egal welchen kulturellen oder finanziellen Hintergrund wir haben – ohne ein großes Thema daraus zu machen, eine vollkommene Selbstverständlichkeit.

5.5 Der optimale Ausgleich: Ein Bewusstsein schaffen

Während meiner Krankheit Multipler Sklerose und weiteren gesundheitlichen Schwierigkeiten kümmerte ich mich trotzdem mit voller Energie um Sandro. Ich nutzte die Zeiten, in denen er Mittagsschlaf machte, um Energie zu tanken, Dinge zu erledigen und zu arbeiten. Wir lebten – trotz enormer Schwierigkeiten – einen geregelten, harmonischen Alltag und fanden einen optimalen Ausgleich zu all dem Druck und der negativen äußeren Einflüsse. Ich stemmte, obwohl ich nicht einmal meine Hände spüren konnte, alles alleine, vollbrachte Hochleistungen als Standard für mein Kind. Eine Mutter sollte sich Zeit nehmen, um auf ihre eigenen Bedürfnisse zu achten und für sich selbst zu sorgen. Dazu können Aktivitäten wie Sport, Meditation, Entspannungstechniken oder Hobbys gehören. Regelmäßige körperliche Aktivität wird mit einer besseren Stimmung, mehr Energie und einer besseren Stressbewältigung in Verbindung gebracht. Durch Sport können Mütter nicht nur ihre körperliche, sondern auch ihre psychische Gesundheit verbessern.

Die Praxis der Meditation wird mit einer Verringerung von Stress, Angst und Depression verbunden. Mütter, die regelmäßig meditieren, berichten häufig von einem gesteigerten Gefühl der Ruhe, Klarheit und Gelassenheit. Entspannungstechniken wie Atemübungen, progressive Muskelentspannung oder Yoga können dazu beitragen, Stress abzubauen und eine tiefe Entspannung zu fördern. Diese Techniken können Müttern helfen, sich zu erholen und neue Energie zu tanken. Hobbys ermöglichen es Müttern, Zeit für sich selbst zu haben und ihren eigenen Interessen und Leidenschaften nachzugehen. Dies kann ihnen ein Gefühl der Erfüllung und Zufriedenheit vermitteln und ihnen helfen, ihre Identität über ihre Rolle als Mutter hinaus zu stärken. Zu diesen Aktivitäten, die auf andere Gedanken bringen, ist auch die Schaffung eines Bewusstseins für die psychische Gesundheit von essentieller Bedeutung. Was bedeutet es genau, besser auf sich aufzupassen, wenn einer der möglichen Worst Cases des Lebens bereits eingetreten ist? In der Gesellschaft begegnen wir oft Menschen, die aufgrund falscher Vorstellungen oder Vorurteile anderen schaden können. Es ist wichtig, sich bewusst zu sein, dass auch vermeintlich hilfsbereite Menschen in Wirklichkeit böse Absichten haben können. Menschen neigen dazu, andere aufgrund von äußeren Merkmalen, sozialem Status oder anderen vorgefassten Meinungen zu beurteilen. Diese falschen Urteile können dazu führen, dass wir uns von Menschen täuschen lassen, die vorgeben, nett und freundlich zu sein. Es ist wichtig zu erkennen, dass nicht alle Menschen das Beste im Sinn haben und dass einige ihre wahren Absichten verbergen können.

Es ist wichtig, sich dieser Möglichkeit bewusst zu sein. Indem wir unser Bewusstsein schärfen und unsere Intuition nutzen, können wir mögliche rote Flaggen erkennen. Wenn sich etwas nicht richtig anfühlt oder unser Bauchgefühl uns warnt, sollten wir diese Signale ernst nehmen und genauer hinsehen. Nicht jeder Fremde ist eine potenzielle Bedrohung. Trotzdem sollten wir vorsichtig sein und langsam Vertrauen aufbauen. Es ist ratsam, sich Zeit zu nehmen, Menschen besser kennenzulernen und ihre wahren Absichten zu verstehen, bevor wir ihnen unser volles Vertrauen schenken. Des Weiteren ist es von wichtiger Bedeutung, nicht alles blind zu akzeptieren und kritisch zu sein, die Motive und Absichten von Menschen zu hinterfragen, besonders wenn sie plötzlich auftauchen und übermäßig freundlich oder hilfsbereit sind. Skeptisch sollte man auch gegenüber Personen sein, die versuchen, die eigenen Schwächen auszunutzen oder ein Gefühl der Abhängigkeit zu erzeugen.

Ein Bewusstsein zu schaffen, bedeutet auch, ein Bewusstsein über die menschlichen Mechanismen zu erhalten, die hinter einem Verhalten stecken, das die Machtverhältnisse ausnutzt, um anderen Menschen emotional, psychologisch oder auf andere Weise zu schaden. Sadismus, definiert als Freude an der Ausübung von Macht und Kontrolle über andere Menschen, ist ein Phänomen, das in verschiedenen Bereichen des menschlichen Lebens auftreten kann. Sigmund Freud war ein Pionier der Psychoanalyse und entwickelte eine umfassende Theorie der menschlichen Psyche. Zentral für seine Theorie war die Annahme, dass menschliches Verhalten von unbewussten Trieben beeinflusst wird, insbesondere von den sexuellen Trieben des Individuums. Im Rahmen von Freuds Theorie kann Sadismus als eine Manifestation des Lustprinzips betrachtet werden, bei dem das Individuum Befriedigung durch die Ausübung von Macht und Kontrolle über andere Menschen erlangt. Der sadistische Trieb kann sich auf verschiedene Weise äußern, sei es physisch, emotional oder psychologisch. Staatliche Institutionen üben häufig eine gewisse Macht aus, sei es in Form von Regierungen, Strafverfolgungsbehörden oder anderen autoritären Einrichtungen. In einigen Fällen kann diese Machtposition dazu führen, dass einzelne

Personen innerhalb dieser Institutionen sadistische Tendenzen entwickeln und ihre Macht missbrauchen, um anderen Schaden zuzufügen. Es gibt zahlreiche Beispiele für Machtmissbrauch durch staatliche Institutionen, die sadistische Tendenzen erkennen lassen. Dies kann in Form von Folter, Misshandlung, Diskriminierung oder anderen Formen von physischer, emotionaler oder psychischer Gewalt geschehen. Solche Handlungen können sowohl auf individueller als auch auf institutioneller Ebene auftreten.

Die Ursachen für sadistisches Verhalten in staatlichen Institutionen sind vielfältig und können auf individuellen Faktoren wie Persönlichkeitsmerkmalen oder traumatischen Erfahrungen beruhen. Darüber hinaus können strukturelle Faktoren wie fehlende Kontrollmechanismen oder ein Klima der Straflosigkeit zur Entstehung sadistischen Verhaltens beitragen. Die Auswirkungen sadistischen Verhaltens staatlicher Institutionen sind weitreichend und können zu schweren Menschenrechtsverletzungen führen. Die Opfer solcher Taten leiden oft unter physischen und psychischen Traumata, die ihr Leben nachhaltig beeinflussen können. Um Sadismus in staatlichen Institutionen einzudämmen, ist es wichtig, wirksame Schutzmechanismen zu etablieren. Dazu gehören die unabhängige Überwachung und Kontrolle staatlicher Institutionen, die Förderung von Transparenz und Rechenschaftspflicht sowie die Stärkung von Menschenrechten und Rechtsstaatlichkeit.

Menschenrechte sind Grundrechte, die jedem Menschen unabhängig von Geschlecht, Alter oder Herkunft zustehen. Vor allem Frauen und Kinder stehen oft vor besonderen Herausforderungen und sind daher besonders schutzbedürftig. Es ist von entscheidender Bedeutung, den Zusammenhalt der Menschen zu stärken, um sicherzustellen, dass diese Rechte respektiert und geschützt werden. Frauenrechte sind ein zentraler Bestandteil der Menschenrechtsagenda. Frauen sollten das Recht haben, frei von Diskriminierung zu leben und ihre eigenen Entscheidungen in Bezug auf Bildung, Arbeit, Heirat und Fortpflanzung zu treffen. Leider werden Frauen in vielen Teilen der Welt noch immer benachteiligt und unterdrückt. Gewalt gegen Frauen ist eine traurige Realität, die es zu bekämpfen gilt. Es ist wichtig, dass sich die Gesellschaft zusammenschließt, um diese Ungerechtigkeiten zu bekämpfen und den Schutz der Frauenrechte zu gewährleisten. Auch die Rechte der Kinder sind von großer Bedeutung. Kinder sollten das Recht auf eine sichere und liebevolle Umgebung haben, in der sie ihr volles Entwicklungspotenzial entfalten können. Sie müssen vor Gewalt, Missbrauch und Ausbeutung geschützt werden. Bildung soll für alle Kinder zugänglich sein, unabhängig von ihrem sozialen Hintergrund oder ihrer Herkunft. Der Schutz der Kinderrechte erfordert das Engagement aller Mitglieder einer Gesellschaft – Eltern, Lehrer, Gemeindemitglieder und staatliche Institutionen.

Der Staat und seine Behörden spielen eine entscheidende Rolle bei der Gewährleistung und Förderung der Menschenrechte. Es ist Aufgabe des Staates, Gesetze zu erlassen und durchzusetzen, die die Rechte aller Bürger schützen. Regierungen sollten sicherstellen, dass Frauen und Kinder vor Diskriminierung und Gewalt geschützt werden. Sie sollten auch sicherstellen, dass Bildungssysteme inklusiv sind und allen Kindern gleiche Chancen bieten.

Darüber hinaus ist es wichtig, dass staatliche Institutionen transparent und rechenschaftspflichtig sind. Die Menschen müssen darauf vertrauen können, dass ihre Rechte respektiert werden und dass sie Zugang zu fairen Verfahren haben, wenn ihre Rechte verletzt werden. Der Staat sollte auch Mechanismen bereitstellen, um Beschwerden anzuhören und darauf zu reagieren.

Der Zusammenhalt der Menschen ist entscheidend für den Schutz der Rechte von Frauen und Kindern. Wenn wir als Gesellschaft zusammenstehen und uns für diese Rechte einsetzen, können wir eine starke Stimme gegen Ungerechtigkeit erheben. Wir können uns gegenseitig unterstützen, indem wir auf Missstände aufmerksam machen, Bewusstsein schaffen und gemeinsam Lösungen finden. Als Mitglieder einer Gesellschaft sind wir dafür verantwortlich, dass die Rechte von Frauen und Kindern respektiert werden. Indem wir den Einfluss des Staates/der Behörden nutzen und den Zusammenhalt der Menschen stärken, können wir eine Welt schaffen, in der alle Menschen gleichberechtigt leben können – frei von Diskriminierung, Gewalt und Ausbeutung.

Bewusstsein zu schaffen, bedeutet auch, sich bewusst zu machen, wie sich umstehende Personen seit der Schwangerschaft in unser Leben einmischten. Ich kriegte Infusionen, dies und das sollte skeptisch beurteilt werden. Dennoch verlief alles normal. Sandro war in meinem Bauch, wir waren glücklich. Dann wurde mit Hilfe eines Kaiserschnitts entbunden, ein Kind, das zunächst nach der Geburt die Brust oder das Fläschchen verweigert – also ein komplizierter, aber häufig vorkommender Verlauf einer Schwangerschaft und Geburt. Trotzdem wurde stetig alles dramatisiert. Wir fanden uns in einem unermesslichen Kontrollsystem wieder, in dem mir schließlich klar wurde, dass ich – die Kindesmutter – höchstens am Rande mitzureden habe, wenn es um das Kind geht, das ich zur Welt gebracht habe, das mich natürlicherweise unendlich liebt und umgekehrt. In unserem Fall erhielt Sandro zusätzliche Unterstützung durch seine liebevolle »Oma«. Die zusätzliche Unterstützung eines Enkelkinds durch eine Oma kann außergewöhnlich positiv sein und viele Vorteile bieten. Die Beziehung zwischen Großeltern und Enkelkindern ist oft von einer besonderen Bindung und Liebe geprägt, die auf Vertrauen, Fürsorge und gemeinsamen Erfahrungen beruht. Die geliebten Omas haben oft einen reichen Erfahrungsschatz und eine Fülle von Lebensweisheit, die sie an ihre Enkelkinder weitergeben können. Sie können ihnen helfen, Herausforderungen zu bewältigen, Ratschläge geben und ihnen helfen, aus ihren eigenen Erfahrungen zu lernen. Omas sind oft eine wichtige emotionale Stütze für ihre Enkelkinder. Sie bieten bedingungslose Liebe, Verständnis und Trost in schwierigen Zeiten. Ihre Präsenz kann den Enkelkindern zusätzlich ein Gefühl der Sicherheit geben und ihnen helfen, Selbstvertrauen aufzubauen.

Großmütter haben zudem häufig mehr Zeit zur Verfügung als Eltern, um sich intensiver mit ihren Enkelkindern zu beschäftigen. Sie können sich voll und ganz auf die Bedürfnisse der Kinder konzentrieren und ihnen ihre volle Aufmerksamkeit schenken. Dies ermöglicht es den Enkelkindern, eine enge Bindung zu ihrer Oma aufzubauen. Omas spielen oft eine wichtige Rolle bei der Weitergabe von Familientraditionen und Werten. Sie können den Enkelkindern ihre kulturellen Wurzeln näherbringen, Geschichten erzählen und ihnen helfen, ihre Identität zu entwickeln. Des Weiteren können Großmütter eine wertvolle Unterstützung für Eltern sein, indem sie bei der Erziehung ihrer Enkelkinder helfen. Sie können den Eltern mit Rat und Tat zur Seite stehen, bei der Betreuung und Erziehung unterstützen und den Kindern wichtige Lebenskompetenzen vermitteln. Die Zeit mit der Oma ist oft voller Freude und Spaß. Omas sind oft bereit, sich auf spielerische Aktivitäten einzulassen, gemeinsam zu lachen und unvergessliche Momente zu schaffen. Sie können den Enkelkindern neue Perspektiven eröffnen und ihnen ermöglichen, die Welt auf eine andere Art und Weise zu entdecken. Die zusätzliche Unterstützung einer Oma kann das Leben eines Enkelkinds bereichern und ihm wertvolle Lektionen fürs Leben vermitteln. Die einzigartige Beziehung zwischen Großeltern und Enkelkindern bietet eine besondere Form von Liebe, Fürsorge und Unterstützung, die einen positiven Einfluss auf die Entwicklung und das Wohlbefinden des Kindes haben kann. Es ist ein Geschenk, eine liebevolle Familie an seiner Seite zu haben. Aber auch dies wurde durch die Sozialarbeiterinnen und Institutionen einfach ignoriert.

Politiker und Entscheidungsträger sollten sich für die Bedürfnisse und Rechte von Eltern und ihren Kindern einsetzen. Dies kann durch die Schaffung eines politischen Rahmens geschehen, der die Zusammenarbeit zwischen Eltern und anderen Betreuungspersonen fördert und unterstützt. Zudem ist es wichtig, Forschung und Daten zu sammeln, um den Einfluss von Müttern auf die Entwicklung von Kindern zu verstehen und zu dokumentieren. Diese Informationen können dazu beitragen, das Bewusstsein für die Bedeutung von Müttern zu schärfen und politische Entscheidungen zu beeinflussen. Diese Maßnahmen können das Bewusstsein für die Bedeutung von Familien, Eltern und Großeltern für Kinder schärfen. Es ist wichtig, ihre Rolle anzuerkennen und zu unterstützen, da sie einen einzigartigen Beitrag zur Erziehung, Entwicklung und zum Wohlergehen von Kindern leisten. So vielfältig wie die Dinge der Welt sind, so vielfältig sind auch unsere Ideen und Gedanken. Wir können von den Kindern lernen, indem wir offen für neue Perspektiven bleiben.

6. Fazit

Bewusstsein spielt eine entscheidende Rolle bei der Stärkung von Menschenliebe, Achtung, Respekt, Toleranz und Mitgefühl. Es bietet uns die Möglichkeit, uns selbst und andere besser zu verstehen und eine tiefere Verbindung zu unseren Mitmenschen aufzubauen. Durch bewusstes Handeln können wir diese positiven Eigenschaften in unserem täglichen Leben kultivieren und weiterentwickeln.

Menschenliebe ist die grundlegende Fähigkeit, bedingungslose Liebe für alle Menschen zu empfinden. Sie entsteht aus einem tiefen Verständnis dafür, dass wir alle miteinander verbunden sind und dass das Wohlergehen eines Einzelnen das Wohlergehen aller betrifft. Durch Achtsamkeit können wir unser Herz öffnen und Mitgefühl für die Freuden und Leiden anderer entwickeln. Indem wir uns bewusst machen, dass jeder Mensch einzigartig ist und das Recht hat, so akzeptiert zu werden, wie er ist, können wir die Achtung und den Respekt vor der Vielfalt der Menschen stärken. Dieses Bewusstsein hilft uns, Vorurteile abzubauen und uns auf die Gemeinsamkeiten statt auf die Unterschiede zu konzentrieren. Toleranz bedeutet, offen zu sein für andere Meinungen, Überzeugungen oder Lebensweisen. Durch Bewusstseinsbildung können wir unsere eigenen

Vorurteile erkennen und hinterfragen. Wir können lernen, andere Standpunkte zu respektieren und eine Atmosphäre des Dialogs und der Offenheit zu schaffen. Achtsamkeit ermöglicht es uns, unsere eigenen Grenzen zu erweitern und neue Perspektiven zu entdecken.

Wenn wir unser Kind in den Armen halten, öffnet sich eine Welt der Liebe und Fürsorge. Aber diese Erfahrung geht über die körperliche Nähe hinaus. Sie kann uns auch lehren, andere Standpunkte zu respektieren und eine Atmosphäre des Dialogs und der Offenheit zu schaffen. Unser Kind auf den Arm zu nehmen, symbolisiert nicht nur physische Nähe, sondern auch emotionale Verbundenheit. In diesem Moment erkennen wir, wie wichtig Einfühlungsvermögen und Verständnis sind. Wir lernen, dass jeder Mensch seine eigenen Erfahrungen, Ansichten und Perspektiven hat. Wenn wir unser Kind im Arm halten, können wir beginnen, diese Vielfalt anzuerkennen und zu respektieren. Achtsamkeit spielt in diesem Prozess eine wichtige Rolle. Wenn wir achtsam sind, können wir unsere eigenen Grenzen erkennen und akzeptieren. Wir werden uns bewusst, dass unsere Sichtweise nicht die einzig gültige ist. Durch Achtsamkeit sind wir offen für neue Perspektiven und bereit, unsere Ansichten zu überdenken. Indem wir eine Atmosphäre des Dialogs und der Offenheit schaffen, ermöglichen wir dem Kind, seine Gedanken und Gefühle auszudrücken. Wir hören aktiv zu und zeigen Interesse an seinen Ansichten. Dies stärkt nicht nur das Selbstvertrauen unseres Kindes, sondern gibt uns auch die Möglichkeit, von ihm zu lernen. Unser Kind im Arm zu halten, kann uns dazu anregen, unsere eigenen Vorurteile und vorgefassten Meinungen zu hinterfragen. Es ermutigt uns, neue Perspektiven zu entdecken und unseren Horizont zu erweitern. Indem wir uns auf den Dialog einlassen und offen sind für andere Sichtweisen, können wir eine Atmosphäre des Respekts und der Toleranz schaffen. Letztlich geht es darum, eine Verbindung herzustellen – nicht nur zu unserem Kind, sondern auch zu anderen Menschen. Indem wir lernen, andere Sichtweisen zu respektieren und achtsam zu sein, können wir eine tiefe Verbindung zu anderen aufbauen. Wir erkennen, dass wir alle Teil einer größeren Gemeinschaft sind und dass unsere Verschiedenheit uns bereichert.

Unser Kind im Arm zu halten, kann so zum Ausgangspunkt für persönliches Wachstum und zwischenmenschliche Beziehungen werden. Es gibt uns die Möglichkeit, unsere eigenen Grenzen zu erweitern und neue Perspektiven zu entdecken. Indem wir eine Atmosphäre des Dialogs und der Offenheit schaffen, können wir eine Welt des Respekts und der Toleranz schaffen – nicht nur für unser Kind, sondern für die gesamte Gesellschaft.

Irgendwann werde ich mein Kind in den Armen halten – nicht nur gerade so erlaubt, hier und da mal – und wir werden Zeit miteinander verbringen können, wie alle anderen auch. Dieser Gedanke erfüllt mich mit

Vorfreude und Sehnsucht nach einer Zukunft, in der wir als Familie zusammenleben und gemeinsam schöne Momente erleben können. Es ist ein Traum von Beständigkeit, Sicherheit und Kontinuität, den ich für mein Kind hege. Ich möchte ihm ein stabiles Umfeld bieten, in dem es sich geborgen fühlen kann. Wir werden gemeinsam Urlaub machen, neue Orte entdecken und unvergessliche Erinnerungen schaffen. Es wird Momente geben, in denen wir einfach die gemeinsame Zeit genießen und uns gegenseitig unterstützen. Der Alltag wird uns prägen, aber auch bereichern. Wir werden Routinen entwickeln, die uns Halt geben und uns helfen, die Herausforderungen des Lebens zu meistern. Es wird Zeiten geben, in denen wir uns gegenseitig trösten und ermutigen. Wir werden zusammen lachen, weinen und wachsen. Geborgenheit ist mir sehr wichtig. Ich möchte meinem Kind Geborgenheit vermitteln und ihm zeigen, dass es sich immer auf mich verlassen kann. Wir werden gemeinsam Hindernisse überwinden und uns gegenseitig stärken. Kontinuität ist ein weiterer Aspekt, den ich mir für unsere Beziehung wünsche. Ich möchte meinem Kind zeigen, dass es sich immer auf mich verlassen kann, dass ich da bin – nicht nur in guten, sondern auch in schwierigen Zeiten.

Wir werden Höhen und Tiefen erleben, aber ich werde immer an seiner Seite sein. Dieser Traum von einer gemeinsamen Zukunft ist für mich Motivation und Inspiration. Ich arbeite hart daran, die Voraussetzungen für diese Vision zu schaffen. Ich möchte meinem Kind ein liebevolles Zuhause geben, in dem es sich entfalten und seine Träume verwirklichen kann. Irgendwann werde ich mein Kind in den Armen halten und wir werden Zeit miteinander verbringen können. Bis dahin werde ich geduldig sein und hart arbeiten, damit dieser Traum wahr wird. Denn ich weiß, dass die Liebe und Verbundenheit, die wir miteinander teilen werden, jeden Moment des Wartens wert sein werden.

Wenn Menschen sich lieben, kann das ein unglaublich starkes und intensives Gefühl sein. In solchen Momenten können Liebende manchmal dumme Dinge tun oder verrückt erscheinen, aber in Wirklichkeit ist das nur die Folge ihrer tiefen Liebe füreinander. Die Liebe hat die Kraft, uns aus unserer gewohnten Rationalität herauszukatapultieren und uns in einen Zustand der Euphorie zu versetzen. In diesem Zustand können wir uns manchmal unvernünftig verhalten oder Entscheidungen treffen, die von außen betrachtet seltsam erscheinen. Für Liebende selbst sind diese Handlungen jedoch Ausdruck ihrer bedingungslosen Hingabe und Zuneigung füreinander.

Es ist wie ein Rausch, der unsere Sinne übernimmt und uns dazu bringt, Risiken einzugehen oder verrückte Dinge zu tun. Wir können plötzlich poetisch werden, ganze Bücher schreiben oder romantische Gesten machen, die Außenstehenden albern erscheinen mögen. Für uns aber sind sie Ausdruck unserer tiefen Liebe und des Wunsches, dem anderen unsere Gefühle mitzuteilen und

alles zum Guten zu wenden. In solchen Momenten
scheint die Vernunft manchmal außer Kraft gesetzt zu
sein. Wir handeln impulsiv und lassen uns von unseren
Gefühlen leiten. Wir treffen unüberlegte Entscheidungen
oder begeben uns in Situationen, die wir normalerweise
vermeiden würden. Aber all dies geschieht aus einem
einzigen Grund – weil wir den anderen so sehr lieben.

Diese scheinbar dummen Handlungen oder Momente
der Unvernunft, die uns durch andere negativ ausgelegt
und gegen uns verwendet werden, geschehen nicht aus
Mangel an Verstand oder Vernunft. Im Gegenteil, sie
sind ein Zeichen dafür, dass unsere Liebe so stark ist,
dass sie uns dazu bringt, unsere Grenzen zu überschreiten
und uns auf eine Weise zu verhalten, die wir in der Regel
vermeiden würden. Es ist ein wunderbares Gefühl, sich
so ganz von Liebe erfüllt zu fühlen. Es erlaubt uns, unser
wahres Wesen zu zeigen und uns in unserer Verletzlich-
keit zu öffnen. Wir können einander zeigen, wie sehr wir
den anderen schätzen und wie wichtig er für uns ist.
Gleichzeitig ist jedoch auch das Bewusstsein darüber, was
uns angetan wurde, von wichtiger Bedeutung für unsere Sicherheit. Wenn wir möglichen negativen Handlungen oder Situationen nicht gewahr sind, kann es sein,
dass diese Harmonie nicht von Dauer ist und mutwillig
zerstört wird. Es ist wichtig, vorausschauend zu denken.

Vorausschauendes Denken bezieht sich auf die Fähigkeit, aus schlechten Erfahrungen in der Vergangenheit
zu lernen und dieses Wissen zu nutzen, um in Zukunft

klügere Entscheidungen zu treffen. Es bedeutet, dass man aus den Fehlern der Vergangenheit gelernt hat und nun vorsichtiger und besser informiert ist, seien es die eigenen Fehler oder die Fehler anderer Personen. Wenn wir schlechte Erfahrungen gemacht haben, sei es in zwischenmenschlichen Beziehungen, in beruflichen Situationen oder in anderen Lebensbereichen, können wir daraus wertvolle Lehren ziehen. Wir können erkennen, welche Verhaltensweisen oder Entscheidungen uns in Schwierigkeiten gebracht haben und diese vermeiden. Vorausschauendes Denken ermöglicht es uns, unser Handeln bewusster zu gestalten und mögliche negative Konsequenzen im Voraus zu erkennen.

Die Stoa, eine philosophische Schule im antiken Griechenland, betonte ebenfalls die Bedeutung des vorausschauenden Denkens. Die Stoiker glaubten, dass wir die äußeren Umstände nicht kontrollieren können, sondern nur unsere eigenen Reaktionen darauf. Durch vorausschauendes Denken und die Erkenntnis, dass schlechte Erfahrungen Teil des Lebens sind, können wir lernen, mit ihnen umzugehen und unsere Reaktionen zu kontrollieren. Die stoische Philosophie lehrt uns auch die Tugend der Achtsamkeit. Indem wir achtsam sind und unsere Gedanken und Handlungen bewusst lenken, können wir vorausschauend denken und bessere Entscheidungen treffen. Wir können uns vorstellen, wie sich bestimmte Handlungen oder Entscheidungen in der Zukunft auswirken werden – und entsprechend handeln.

Vorausschauendes Denken erfordert aber auch ein gewisses Maß an Flexibilität. Obwohl wir aus vergangenen Erfahrungen lernen können, ist es wichtig zu erkennen, dass jede Situation einzigartig ist und wir uns anpassen müssen. Es geht darum, das Gelernte zu nutzen, aber auch offen zu sein für neue Möglichkeiten und Perspektiven.

Menschen können nicht nur aus Fehlern lernen, sondern auch aus Erfolgen. Die Erfolge anderer Menschen, die es aus schwierigen, scheinbar ausweglosen Situationen herausgeschafft haben und über sich hinausgewachsen sind, ermutigen tagtäglich, nicht aufzugeben und voller Energie gemeinsam die Zukunft zu gestalten.

Wie wäre es, wenn Kinder die Zukunft gestalten würden? Eine Welt, in der Kinder das Sagen haben, wäre eine faszinierende und einzigartige Gesellschaft. Es wäre eine Welt, in der die Stimmen und Bedürfnisse der jüngsten Mitglieder unserer Gesellschaft gehört und respektiert würden. In einer solchen Welt würden Kinder als vollwertige Mitglieder der Gesellschaft angesehen und hätten das Recht, an Entscheidungsprozessen, die ihr Leben betreffen, teilzunehmen. Sie würden nicht nur als passive Empfänger von Anweisungen angesehen, sondern als aktive Gestalter ihrer eigenen Zukunft.

Kinder sind von Natur aus neugierig, kreativ und unvoreingenommen, was in einer kinderorientierten Gesellschaft voll zum Tragen käme. Sie würden ihre einzigartigen Perspektiven und Ideen einbringen und so zu innovativen Lösungen beitragen. Ihr frischer Blick könnte dazu führen, dass Probleme auf neue Weise angegangen und neue Möglichkeiten entdeckt werden. In einer Welt, in der Kinder das Sagen hätten, würde Bildung einen hohen Stellenwert haben. Kinder würden ermutigt, ihren Interessen nachzugehen und ihre Talente zu entwickeln. Der Lernprozess würde spielerisch gestaltet, um die intrinsische Motivation der Kinder zu fördern. Lehrerinnen und Lehrer wären nicht nur Wissensvermittler, sondern auch Mentoren und Unterstützer bei der Entfaltung des Potenzials jedes Kindes. Die Bedürfnisse der Kinder stünden im Mittelpunkt. Eine kinderorientierte Gesellschaft würde sicherstellen, dass Kinder Zugang zu qualitativ hochwertiger Gesundheitsversorgung, Ernährung und Unterkunft haben. Sie würden vor Gewalt, Missbrauch und Ausbeutung jeglicher Art geschützt werden.

Eine Welt, in der Kinder das Sagen haben, würde auch mehr Gleichberechtigung fördern. Geschlechterstereotype und Diskriminierungen würden abgebaut, sodass alle Kinder die gleichen Chancen hätten, unabhängig von Geschlecht, Herkunft oder sozialem Status. Natürlich wäre eine solche Gesellschaft nicht frei von Herausforderungen. Es wäre wichtig, einen ausgewogenen Ansatz zu finden, der die Bedürfnisse und Rechte aller Mitglieder berücksichtigt. Die Rolle der Erwachsenen, als Unterstützerinnen und Unterstützer sowie als Verantwortliche für die Sicherheit und das Wohlergehen der Kinder, müsste weiterhin gewährleistet sein.

Erwachsene sollten die Stimmen und Meinungen von Kindern aktiv anhören und ernst nehmen. Kinder haben ein Recht darauf, gehört zu werden und ihre Perspektiven einzubringen. Erwachsene sollten ihre Ideen und Meinungen respektieren, auch wenn sie nicht immer mit ihnen übereinstimmen. Erwachsene sollten Kindern auch die Möglichkeit geben, bei Familienentscheidungen mitzureden, an Schulversammlungen teilzunehmen oder sich an Projekten zur Verbesserung ihrer Gemeinschaft zu beteiligen. Zudem sollten Erwachsene die Kinder ermutigen, ihren eigenen Interessen nachzugehen und ihre Talente zu entwickeln. Sie sollten ihnen die Werkzeuge und Ressourcen zur Verfügung stellen, um ihre Ziele zu erreichen. Dies kann durch Bildung, Mentoring oder Zugang zu kreativen Aktivitäten geschehen. Erwachsene sollten selbst ein positives Beispiel geben, indem sie respektvoll, liebevoll und kooperativ miteinander umgehen – und nicht, indem sie Kindern Angst einjagen, wie es Sandros Sozialarbeiterin tat.

Indem Erwachsene eine Atmosphäre des Vertrauens und der Offenheit schaffen, ermutigen sie die Kinder, es ihnen gleich zu tun. Erwachsene sollten dafür sorgen, dass alle Kinder die gleichen Chancen und Rechte haben, unabhängig von Geschlecht, Herkunft oder sozialem

Status. Sie sollten Geschlechterstereotypen und Diskriminierung aktiv bekämpfen und ein integratives Umfeld schaffen, in dem jedes Kind sein volles Potenzial entfalten kann.

Kinder haben dann die Möglichkeit, glücklich aufzuwachsen und ihr volles Potenzial in einem gleichberechtigten und respektvollen Umfeld zu entwickeln. Diese Entwicklung führt zu einer Gesellschaft, die von Harmonie, Zusammenarbeit und Fortschritt geprägt ist. In dieser Zukunftsvision sind die Erwachsenen von heute diejenigen, die als Kinder das Sagen hatten und deren Stimme gehört wurde. Sie haben gelernt, wie wichtig es ist, Kindern zuzuhören und ihre Bedürfnisse zu respektieren. Als Erwachsene haben sie diese Werte weitergegeben und eine Kultur des Miteinanders geschaffen.

Eine solche Gesellschaft zeichnet sich durch eine starke Gemeinschaft aus, in der Menschen aller Altersgruppen zusammenarbeiten und voneinander lernen. Die Erwachsenen haben erkannt, dass Kinder einzigartige Perspektiven und Ideen einbringen können, die zu innovativen Lösungen führen. Deshalb werden sie aktiv in Entscheidungsprozesse einbezogen und ihre Meinungen ernst genommen. Bildung spielt in dieser Gesellschaft eine zentrale Rolle. Schulen sind Orte des Lernens, der Kreativität und des Austauschs. Der Lehrplan ist darauf ausgerichtet, die individuellen Talente und Interessen jedes Kindes zu fördern. Es gibt Raum für künstlerischen Ausdruck, sportliche Aktivitäten, wissenschaftliche

Forschung und technologische Innovation. Gleichberechtigung ist ein Grundprinzip dieser Gesellschaft. Geschlechterstereotype und Diskriminierung gehören der Vergangenheit an. Alle Menschen haben grundlegend die gleichen Chancen und Rechte, die automatisch verwirklicht und eingehalten werden, sowohl in der Arbeitswelt als auch im Privatleben. Vielfalt wird gefeiert und als Stärke gesehen.

In einer solchen Gesellschaft gibt es ein starkes soziales Netz, das Menschen in schwierigen Zeiten unterstützt. Niemand wird allein gelassen oder ausgeschlossen. Solidarität und Empathie sind Grundwerte, die von Kindheit an vermittelt werden. Wenn wir als Erwachsene jetzt gemeinsam einen Anfang machen, wird die Welt im Jahr 2050 von Frieden, Fortschritt und einer tiefen Verbundenheit der Menschen untereinander geprägt sein. Die Kinder von heute sind dann zu selbstbewussten, empathischen Erwachsenen herangewachsen, die in der Lage sind, positive Veränderungen in der Welt zu bewirken. Ihre glückliche Kindheit hat sie dazu befähigt, eine Gesellschaft zu schaffen, in der jeder sein volles Potenzial entfalten kann und in der das Wohl aller im Mittelpunkt steht.

Aber der psychische Schaden eines Kindes, den die Sozialarbeiterinnen und Sozialarbeiter, Ämter und Institutionen durch die Trennung von der Mutter – als Hauptbezugsperson – anrichten können, kann nie wieder rückgängig gemacht werden. Die Frage, wie gut ein

Kind die Erlebnisse verarbeiten kann, bleibt individuell zu beantworten. Die Frage »Mama, warum hat man mir das angetan?« kann für immer unbeantwortet bleiben, wenn es um eine schmerzhafte oder traumatische Erfahrung geht, die ein Kind gemacht hat – wie beispielsweise eine Inobhutnahme gegen den Willen des Kindes. Es gibt verschiedene Gründe, warum diese Frage nicht vollständig beantwortet werden kann. Es ist zum Beispiel möglich, dass die Mutter selbst nicht über alle Informationen verfügt, um die Frage des Kindes zu beantworten. Manchmal werden bestimmte Ereignisse oder Handlungen von anderen Personen ausgeführt, ohne dass die Mutter davon weiß. Hinzu kommt das Unverständnis darüber, warum jemand aus unerfindlichen Gründen einer Familie schaden will.

In einigen Fällen kann es sein, dass die Mutter selbst die schmerzliche Erfahrung verdrängt oder vergessen hat. Traumatische Ereignisse können dazu führen, dass Menschen Erinnerungen blockieren oder verdrängen, um mit dem Schmerz umzugehen. Es ist auch möglich, dass die Mutter bestimmte Informationen zurückhält oder verschweigt, um das Kind oder sich selbst zu schützen. Sie könnte der Meinung sein, dass das Kind noch nicht bereit ist, die Wahrheit zu erfahren, oder dass es für das Kind besser ist, bestimmte Details nicht zu erfahren. Manchmal sind die Umstände und Hintergründe einer schmerzhaften Erfahrung so komplex und vielschichtig, dass es schwierig ist, sie in einfachen Worten zu erklären.

Es kann viele verschiedene Faktoren geben, die zu dem Ereignis geführt haben und es schwierig machen, eine klare Antwort zu geben. Dies ändert jedoch nichts daran, sozial schädigende Handlungen durch staatliche Institutionen, die zudem einen Straftatbestand erfüllen, anzusprechen und für die Zukunft zu vermeiden. Man denkt sich häufig, es seien doch nur Einzelfälle oder Extremfälle, für die es schon gute Gründe gegeben haben mag, aber oft sind die erwachsenen Opfer der Inobhutnahmen Mütter, Psychologinnen, Philosophinnen, selbstständige Frauen, denen das Recht genommen wird, sich weiterhin um ihre Kinder zu kümmern. Sie kriegen eingeredet, zu viel zu arbeiten und zu schaffen sei nicht gut und führe zwangsläufig zu einem Burnout, während ihnen gleichzeitig vorgeworfen wird, sie würden sich nicht kümmern, also zu wenig machen. Sich »locker machen«, alle beruflichen Pläne aufgeben, am besten für immer, und während der Inobhutnahme Arbeitslosengeld beantragen. Aber was passiert, wenn die Mutter trotzdem alles gibt und zwischendurch arbeitet? Dann kann sie alles wieder zurückzahlen und wird durch den Staat weiterhin in die künstliche Krise gezogen, die nicht hätte sein sollen.

In der Zeit danach können positive Erfahrungen, beispielsweise durch einen Umzug, das Wohlbefinden, die Psyche und das Leben von Müttern und Kindern nachhaltig positiv beeinflussen. Wenn Mütter und Kinder über Jahre hinweg positive Erfahrungen machen, kann dies zu einer starken Bindung, einem gesunden Selbstwertgefühl und einer positiven psychischen Entwicklung führen. Eine liebevolle und unterstützende Beziehung zwischen Mutter und Kind legt den Grundstein für ein gesundes emotionales Wohlbefinden. Wenn Mütter ihre Kinder bedingungslos lieben, respektieren und ihnen Aufmerksamkeit schenken, fühlen sich die Kinder geliebt und wertgeschätzt. Dies stärkt ihr Selbstwertgefühl und ihre Fähigkeit, positive Beziehungen zu anderen Menschen aufzubauen.

Positive Erfahrungen in der Kindheit können auch dazu beitragen, dass Kinder eine optimistische Lebenseinstellung entwickeln. Wenn sie erleben, dass auf ihre Bedürfnisse eingegangen wird, dass sie Unterstützung erfahren und in ihren Interessen gefördert werden, entwickeln sie ein Gefühl der Sicherheit und Vertrauen in ihre eigenen Fähigkeiten. Dies ermöglicht es ihnen, Herausforderungen anzunehmen, mit Stress umzugehen und ihre Ziele zu verfolgen. Positive Erfahrungen wirken sich auch auf die psychische Gesundheit der Mütter aus. Wenn Mütter positive Bindungen zu ihren Kindern aufbauen können und sich unterstützt fühlen, erleben sie ein gesteigertes Wohlbefinden. Sie können eine bessere emotionale Stabilität, weniger Stress und eine größere Widerstandsfähigkeit gegenüber den Herausforderungen des Lebens aufweisen.

Positive Erfahrungen können das Leben von Müttern und Kindern in vielerlei Hinsicht bereichern. Kinder, die positive Erfahrungen gemacht haben, sind oft besser in der Lage, ihre Gefühle zu regulieren, Konflikte zu lösen und soziale Fähigkeiten zu entwickeln. Sie können bessere schulische Leistungen erbringen, mehr Selbstvertrauen haben und motivierter sein, ihre Ziele zu erreichen.

Die Ziele einer Gesellschaft im Umgang mit Kindern und ihren Müttern sollten auf den Schutz und die Förderung der Kinderrechte ausgerichtet sein. Kinderrechte sind Grundrechte, die allen Kindern unabhängig von ihrer Herkunft, ihrem Geschlecht oder ihrer sozialen Situation zustehen. Eine Gesellschaft, die sich für Kinderrechte einsetzt, strebt Gleichberechtigung, Schutz und Förderung der Entwicklung jedes einzelnen Kindes an.

Ein wichtiges Ziel ist es, dass alle Kinder in einer sicheren und geschützten Umgebung aufwachsen können. Das bedeutet, dass sie vor Gewalt, Missbrauch und Vernachlässigung geschützt werden müssen. Die Gesellschaft sollte Mechanismen schaffen, um solche Fälle zu erkennen, ihnen vorzubeugen und angemessen darauf zu reagieren. Wichtig ist auch, dass Kinder Zugang zu einer qualitativ hochwertigen Gesundheitsversorgung haben und dass ihr körperliches und seelisches Wohlbefinden gefördert wird.

Ein weiteres Ziel ist es, sicherzustellen, dass alle Kinder Zugang zu Bildung haben. Jedes Kind hat das Recht auf eine qualitativ hochwertige Bildung, die seine individuellen Bedürfnisse berücksichtigt und es ihm ermöglicht, sein volles Potenzial zu entfalten. Die Gesellschaft sollte sicherstellen, dass Bildung für alle zugänglich ist und dass es keine Diskriminierung aufgrund des Geschlechts, der ethnischen Zugehörigkeit, der sozialen Herkunft oder sonstiger Gründe gibt.

Die Förderung der Beteiligung von Kindern an Entscheidungsprozessen ist ein weiteres wichtiges Ziel. Kinder haben das Recht, ihre Meinung frei zu äußern und an allen sie betreffenden Angelegenheiten beteiligt zu werden. Die Gesellschaft sollte sicherstellen, dass Kinder gehört werden und ihre Stimmen bei politischen, sozialen und familiären Entscheidungen berücksichtigt werden. Wenn ein fünfjähriges Kind vor Gericht, bereits erfahren, durch unrechtmäßige Inobhutnahmen, und selbstbewusst äußert »Ich will bei meiner Mama bleiben«, dann sollte dies beachtet und nicht durch den Richter als »Bindungsintoleranz der Mutter« bezeichnet werden. Innerhalb des deutschen und österreichischen Rechtssystems existieren Situationen, in denen man an der Zurechnungsfähigkeit der Entscheidungsträger zweifelt.

In Situationen, die von Verzweiflung geprägt sind, kann es hilfreich sein, professionelle Hilfe in Anspruch zu nehmen, um das Erlebte zu verarbeiten und Wege zu einem besseren Wohlbefinden zu finden. Ein Therapeut oder Berater kann helfen, die Gefühle zu verstehen und neue Strategien zu entwickeln, um mit dem erlittenen Trauma umzugehen. Es kann auch hilfreich sein, sich mit den Gesetzen und Rechten vertraut zu machen, die

Mutter und Kind zustehen, um besser zu verstehen, welche Schritte unternommen werden können, um Gerechtigkeit oder Unterstützung zu erhalten. Möglicherweise gibt es vor Ort Organisationen oder Gruppen, die Menschen in ähnlichen Situationen unterstützen. Der Austausch mit anderen Betroffenen kann helfen, sich verstanden zu fühlen und wertvolle Ressourcen und Informationen zu erhalten. Der Wiederaufbau von Vertrauen kann ein langer Prozess sein. Es kann hilfreich sein, kleine Schritte zu unternehmen und sich auf positive Erfahrungen zu konzentrieren. Um neues Vertrauen aufzubauen, ist es wichtig, Menschen und Situationen zu wählen, die Sicherheit und Unterstützung bieten. Es ist auch wichtig, sich Dinge zu erlauben und Auszeiten zu nehmen, um für sich selbst zu sorgen, da dies das körperliche und emotionale Wohlbefinden steigert. Dadurch gewinnt eine Mutter wieder an innerer Stärke, um mit den Herausforderungen besser umgehen zu können. Zudem möchte ich anmerken: Zum Wohle des Kindes bedeutet zum Wohle seiner Familie. Ohne Papa und Mama gäbe es das Kind nicht. Leider können wir nicht ändern, was uns angetan wird. Was wir tun können ist, niemals darüber zu schweigen und die Öffentlichkeit daran teilhaben zu lassen. Die Wahrheit scheut keine Öffentlichkeit.

Endnoten

[1] Trenczek, T. (2020). Muss ich, darf ich, kann man…? Frequently Asked Questions. Fachliche Standards und rechtliche Aspekte der Inobhutnahme. In: Brinks, Sabrina, Dittmann, Eva/Fachgruppe Inobhutnahme (Hrsg.) Handbuch Inobhutnahme: Grundlagen – Praxis und Methoden – Spannungsfelder. 2. überarb. Und erw. Aufl., Internationale Gesellschaft für erzieherische Hilfen.

[2] Schabus, M., Eigl, E. S. (2021). „Jetzt Sprichst Du!": Belastungen und psychosoziale Folgen der Coronapandemie für österreichische Kinder und Jugendliche. Padiatrie Und Padologie, 56(4), 170.

[3] Zartler, U., Dafert, V., Dirnberger, P. (2022). What will the coronavirus do to our kids? Parents in Austria dealing with the effects of the COVID-19 pandemic on their children. Journal of Family Research, 34(1), S. 367-393.

[4] Plener, P. L., Klier, C. M., Thun-Hohenstein, L., Sevecke, K. (2021). Psychische Versorgung von Kindern und Jugendlichen in Österreich neu aufstellen: Dringender Handlungsbedarf besteht JETZT!. neuropsychiatrie, 35(4), S. 213-215.

[5] Bundeskanzleramt (2023). https://www.oesterreich.gv.at/themen/familie_und_partnerschaft/kinderbetreuung/2/Seite.370110.html, abgerufen am 05.12.2023.

[6] Leitner, S. (2010). Germany outpaces Austria in childcare policy: The historical contingencies of 'conservative' childcare policy. Journal of European Social Policy, 20(5), S. 456-467.

[7] Die Österreichischen Kinderschutzzentren (2022). Qualitätskriterien. URL: http://www.oe-kinderschutzzentren.at/fachliches/qualitatskriterien/, abgerufen am 05.12.2023

[8] Hédervári, É. (1995). Bindung und Trennung: frühkindliche Bewältigungsstrategien bei kurzen Trennungen von der Mutter. Springer-Verlag.

[9] https://www.zdf.de/nachrichten/politik/jugendaemter-obhut-kinder-unbegleitet-100.html#:~:text=Die%20Jugend%C3%A4mter%20haben%20im%20vergangenen,Bundesamt%20in%20Wiesbaden%20nun%20mitteilte, abgerufen am 05.12.2023.

[10] Al Odhayani, A., Watson, W. J., Watson, L. (2013). Behavioural consequences of child abuse. Canadian family physician, 59(8), S. 831-836.

[11] Van Laak, Claudia (2019). Jugendämter vermittelten Pflegekinder an Pädophile. URL: https://www.deutschlandfunk.de/berlin-jugendaemter-vermittelten-pflegekinder-an-paedophile-100.html, abgerufen am 05.12.2023.

[12] Apfel, Petra (2018). Das Geheimnis warum Hollands Kinder gern zur Schule gehen. URL: https://www.focus.de/perspektiven/14-laender-14-reporter/14-laender-14-reporter-niederlande-das-geheimnis-warum-hollands-kinder-gern-zur-schule-gehen_id_9700126.html, abgerufen am 05.12.2023

[13] Bundeskanzleramt Österreich/Filler, E. (2019). Die Kinderrechtekonvention bringt Kinderrechte auf den Punkt. In: Die Rechte von Kindern und Jugendlichen, Bundeskanzleramt, Wien, S. 6-9.